多空之鑰

邱逸愷　著

投資大眾的心願

我與邱逸愷先生相識二年有餘，深知邱先生在所擅長的期貨交易方式及策略中，均能展現卓越的長才和奇才，而對於技術分析方面觀察之深，亦有獨到之處。

因為邱先生熱愛交易策略及技術分析，用心鑽研，故希望能把從中獲得的一些想法和心得，使其他人一起同受其惠，終於在繼第一本多空交易日誌之後，再度出版了這一本多空之鑰。文中邱逸愷先生以其生花妙筆，用深入淺出的手法及活潑有趣的譬喻，列舉出各類型投資人在交易策略上容易出現的三十五個盲點並且予以簡明而中肯的解答。在講求技術分析理論的同時，更加入實際操作的範例，以理論及實戰結果互相印證，提供一種具有科學統計精神的方法，並且以期貨及選擇權搭配現貨交易，以群眾分析補足基本面的盲點，使得在決定投資策略時能夠更加容易。

難能可貴的是邱逸愷先生將自己平時製作交易日誌的方法毫不保留的提供出來，使技術面分析也能夠兼具基本面分析的特長。篇末則提供選擇權這項金融商品在操作上可資應用的方法及策略運用的時機。

邱逸愷先生從多空交易日誌到多空之鑰，兩本書的出版不但代表邱先生本身對於交易策略的體驗及潛研的成果，更代表邱先生希望將成果分享大眾的一份熱情，我相信這不但是邱先生的心願，也是大眾的心願。

國際投信總經理　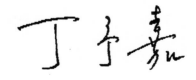

序

多空之鑰—決戰光明頂

　　這本「多空之鑰」，有如股、期市的武林絕學。投資人只要認真學習，融會貫通，自能打通任督二脈；在股票、期貨操作上，脫胎換骨，增強千百倍的戰鬥力。

　　作者逸愷兄是位股、期市實戰高手，精通技術分析及投資心理。他於書中慷慨地將其不傳絕學—股市易筋經，公諸於世，以文字配合圖表，公開其私人交易日誌，並藉由辨識交易機會，增加讀者實戰交易技巧及功力。

　　讀者練就易筋經甲子功力後，作者再傳授「乾坤挪移」大法，以移形換位，破解傳統技術指標的限制，均線的迷思及支撐、壓力的視覺差異等三十五個常見交易盲點，全面提升交易戰鬥力。

　　最後，因緣際會，作者三傳「九陽神功」，藉由簡明的圖示，讓讀者了解多種選擇權交易策略的適用時機，搭配各種商品，組合操作。

　　當投資人學成前述三種股、期市絕學，自是武功蓋世，戰鬥力飽滿，油然地振臂直呼，「讓我們決戰光明頂上」，此時，竟是攻無不克，愈戰愈勇，股市大業，指日可待。

台灣期貨交易所董事長　　高振偉

自　序

　　獲得優異績效的關鍵不在於研究時間長短,而在於方法。用對的方法,事半功倍,一點就通。而如果一開始的觀念就不正確,繞來轉去一直都會是錯的。

　　本書分為四個章節:

　　第一章以文字配合圖說,破解了最常見的交易盲點,新的論點帶來新的思考模式,而思考的模式正是擬定交易策略的基礎。

　　第二章為筆者91年3月18日至4月16日這段期間的交易日誌,直接從個例剖析多空的判斷及策略的選擇。實際分析的功效將10倍於單純的理論推演。

　　第三章為模擬測驗,讀者可試著自己做多空判斷,再對照後續的答案,藉由分析→判斷→驗證→檢討的過程,增加交易技巧。

　　　　第四章為選擇權交易實務介紹,這項交易工具在未來將日趨重要。從基本介紹到實例分析,配合簡易的圖示,熟練後必能增加交易策略的靈活性,以各種最佳策略在各種盤勢背景下交易。

　　本書內容也將如序言般力求精簡,深入淺出並有效提升實質操作績效。

目錄

第一章
交易盲點答客問

列舉常見35個交易盲點及其解答，每了解一分，績效增加一分

1. 傳統指標的盲點與限制

　　一般技術分析中常見的指標如KD、RSI等等，都是將各項數據導入公式而計算出來介於0～100的數值，藉由設定參數的調整，也會得出敏感程度不一的結果，但不論強弱，最終的數值都會落在0～100的區間內。

　　所計算出來的數值越大，代表當時買方的力量越強，一般稱為「超漲」，解讀為有拉回的壓力。反之，數值越小，表示當時賣方的力量越強，稱為「超跌」，表示將止跌並開始上漲。

　　整個邏輯在於統計多空之間的強弱變化，並將走勢定義在區間之內，漲到某個階段就會回跌，而跌到某個程度又會上漲，因此在區間震盪的走勢中適用性較高，但行情走勢並非只有一種，況且震盪走勢所隱含的利潤有限，真正大的獲利都是來自於大的波動。

　　而這些指標的邏輯都和人的慣性相反，在價格向上推升時告訴你指標過熱將要下跌，又在價格下跌時告訴你短期已經「超賣」即將反彈，完全以反向的邏輯思考，而不重視當時的趨勢發展。

　　「超漲」、「超跌」本身的定義就是個陷阱，每一個價位都是真實的成交價格，那麼如何界定超漲或超跌？只是因為乖離過大而將出現折返的走勢嗎？而確實的折返走勢出現前，目前的走勢又會延伸多久？你的部位可以承受得住當時的波動嗎？

　　走勢最強和最弱的時候，反而都是出現在指標已經告訴你「超

買」或「超賣」的時後。因為已經「超買」，所以走勢最強，也因為「超賣」，所以跌勢會延續。

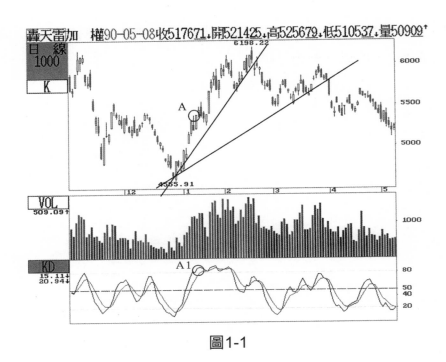

圖1-1

1.K線圖中的A處相對應KD指標中的A1處。

2.A1為傳統觀念中的賣出訊號，但之後指數又上漲了約800點，過程中指標持續鈍化早已失真，若依此操作，豈不喪失了後續的利潤空間？

3.圖中KD指標的其他交叉訊號中，大方向而言雖都能指出正確的方向，但配合運用在K線上，仍有落後走勢之感。以根本趨勢線配合量價觀察會是較為實際的作法。

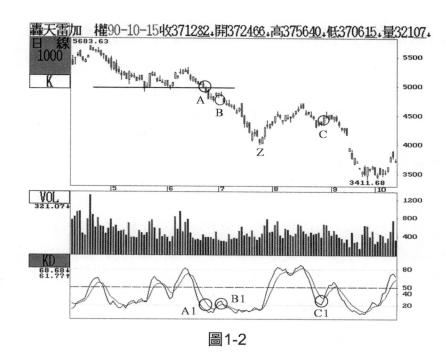

圖1-2

1. 本圖中KD指標在A1處進入超賣區，依傳統的方法解讀會認為指數在此應該能夠止跌。

2. 接著在B1處發出向上交叉的訊號，又會被認為指數即將開始上漲，但結果是指標從A1處開始鈍化的這段走勢，指數從A跌到低點Z約1000點的空間，顯然指標過早發出了止跌買進訊號。

3. 而C1處交叉形成買進訊號後，就在C處當天多空立即反轉，同樣是發出了不成熟的買進訊號。

4. 這類指標使用上的最大限制是未能考慮趨勢的方向，忽略了根本走勢，便容易出現錯誤訊號。

2. 隨機與非隨機──混亂之中尋找秩序？

　　學院派的觀點認為股價的波動是隨機而無法預測，因此傾向發掘個股的價值並進行長期投資。而傳統的技術分析派認為股價走勢為非隨機，並且可由過去的歷史預測未來的走勢。但事實上這兩種觀念都還有很大的修正空間。

　　筆者認為不論指數或個股，大約有70%的時間屬隨機，30%的時間為非隨機。隨機的走勢就好比丟銅板，勝率只有50%，長期而言所有資本會被交易成本浸蝕掉，而真正具有價值的只剩下那30%的時間。把握明顯的趨勢，在非隨機的走勢中持續累積獲利，是能夠成為贏家的重要關鍵。

　　在隨機走勢的背景下，多空雙方勢均力敵，因此呈現震盪而不規則的價格形態，在這種沒有節奏而混亂的走勢中勉強要找出秩序，只是事倍功半，做對了方向也多屬蠅頭小利，實在不具有交易的價值。看起來不是太好的交易機會若勉強進場，通常獲利機率也比較低。

　　而最好的交易機會，在辨認圖形的第一眼中，就會浮現出強烈的直覺，當這種直覺出現，再檢視其他的條件，逐一過濾篩選出最佳的交易標的，獲利的機率才會提高。

　　你可以在沒有秩序的隨機走勢中自己「想像」出機會，但實際走勢並不會因為你的想像力而創造出機會，因為你只能「跟隨」機會。

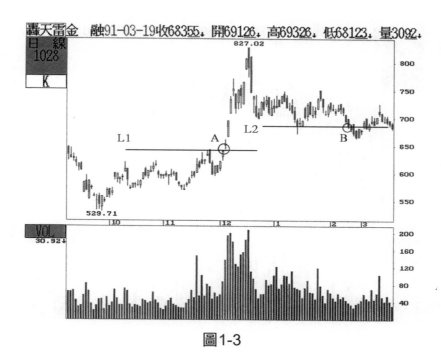

圖1-3

1. 本圖中真正的關鍵訊號只有在A突破L1處，而在B跌破L2時，因為其距離A的價格太近，相距時間也短，因此不會是有效的跌破。

2. 除了在突破L1後連續幾天的大漲外，其餘每一根K線都是隨機的結果，上上下下沒有一定的模式，更沒有趨勢可言，這種形態的走勢自然不具有交易的價值。

3. 若要勉強在隨機中尋找出秩序，不但勝率偏低，所得的也是蠅頭小利，不是大格局也不是具有策略性的作法。

4. 此處沒有交易機會，應尋求其他標的物的交易機會，再沒有機會，則尋求下一次的機會。

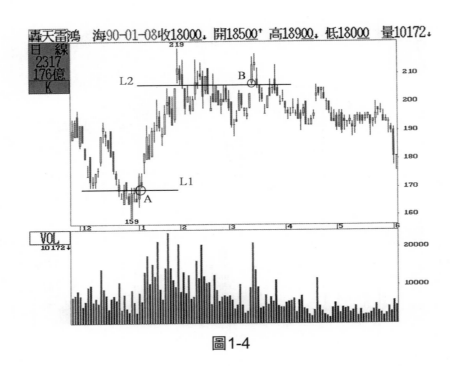

圖1-4

1. 先從兩個較不明確的突破點A、B談起。A、B兩次突破前都沒有
   形成完整的底部，因此並非最佳的買進訊號。

2. 雖然錯失突破L1後約20%的潛在獲利，但這是交易之中必然的經
   驗，因為並不是每一檔個股的股性都適合你的交易方法。

3. 回到主題，在219的高點出現後，股價就一直呈現隨機走勢達近
   四個月，勉強交易不論多空都不容易獲利。

4. 因此在這張K線圖中，完全沒有明確的進場訊號，無序之中不能
   勉強找出秩序，否則便失去了客觀的心態。

3. 麻將、梭哈與市場交易→計算過後的投機

賭博遊戲中的行為，和股市交易中的策略有著許多相似處，同樣都屬心智的活動，而玩家會藉由機率的計算，選擇在有利的時點創造最大的潛在獲利。純粹的賭博需要連續不斷的好運氣，才能克服機率上的劣勢，而計算過後的投機能使你在擁有優勢的情況下才出手，定義並不相同。

股市交易中的大利潤必然是來自於大的波段走勢，這點就好比打麻將要大贏一定是靠連莊、自摸而來。而交易中的小利潤，會在其他交易的停損過程中不斷被浸蝕，總結下來的利潤一定要有大行情才能累積。這點就像是胡了別人放沖的牌只能小賺，而且還要當成是支付自己放沖或別人自摸時的成本。

交易中停損的執行，能避免損失持續擴大並控制在一定的程度內，意即在勝算已經很小的情況下，暫時退出並等待下一次的機會。同樣的，牌型不佳胡牌機率小，加上其他玩家已經聽牌時，就應該提早下車改打安全牌，此時除非他人自摸或自己不小心放沖，否則不會造成虧損，不過交易中的停損就一定是虧損了。

此外在有利的條件下可以加碼操作，以求利潤極大。這點就像是應該把握連莊的機會乘勝追擊，靠連莊的檯數（如同加碼的部位）創造更大的獲利。

圖1-5

	交　　易	麻　　將	梭　　哈
遊戲前的心態	等待絕佳的進場機會和進場時點，將資金投注在此一交易機會上。	等待較好的牌型，儘力做成大牌以及製造較高的自摸機率。	等待相對具有優勢的牌型，計算贏過對手的機率，提高下注金額。
獲利時的策略	朝獲利的方向發展時，在趨勢沒有改變之前，不論如何調節部位做差價，一定留有基本部位，以求搾取最大的潛在獲利。	製造出胡牌機率高的牌型，連莊或順手時，要採積極的打法，不需太在意打出生牌，有時過於保守反而斷了自己的氣勢。	牌型強、贏牌機率大時，運用各種策略提高桌上的賭金，手風順時運用「氣勢」，亦可達到欺敵的效果。
虧損時的策略	要毫不遲疑地執行停損，讓損失侷限在可以控制的範圍內，小洞比大洞容易補得多，永遠要保留下一筆交易的實力。	在胡牌機率小，或牌面已經不利於打生牌時，在牌局的中段過後應改打防守牌，如此一來除非其他人自摸或自己不小心放沖，都不會發生損失。	在已知毫無勝算，或勝率極小不利跟牌、以及本身牌型不容易用心理戰取勝時，應放棄已經投入的籌碼，若再投入籌碼毫無意義。
天敵	手續費、買賣差價　在低於1：1的風險／利潤比情況下，將資本虧光只是時間的問題。	賭場、地主抽頭　家庭麻將的地主優勢，因為牌局時間不長，因此影響程度有限，但長期在賭場中廝殺，賭客的錢遲早都會流到賭場口袋裡去的。	賭場抽頭、小費　在不考慮新資金注入的情況下，資本同樣會隨時間以及下注次數遞減。

4. 老兄，今天成交量多少？

　　每次被問到這個問題，大概十次有八次回答不出來精確的數字，不是因為記憶力不好，也不是因為成交量不重要，而是已經將這個數據「視覺化」變成圖像的記憶了。

　　大盤或成交量的增減絕對是市場人氣的重要指標，但並不是能夠記得每一天的成交值，就能用某種數學公式計算出未來的成交量。單純的數字不能幫助你思考，1600億與1640億的差別何在，和所處的大盤高低檔位置，以及成交量的排列關係有不同的解讀。正因為如此，將每天的成交量記憶成圖像後，就會比單純的數字記憶更能幫助我們思考。

　　而相較於大盤指數，個別股成交量的參考性就顯得很小了，因為有時個別股的買賣行為會牽涉到不同的目的，成交量的大小也容易被控制，導致運用上容易失真，因此記憶其絕對成交張數的意義很小。要把成交量的數字變成圖像，搭配K線的形態觀察，一切才顯得有意義。

　　而將成交量排列成柱狀圖後，所形成的高低峰位也可以劃出趨勢線，但實際上它們的參考性也很小，多數的時候是隨機的排列。投資人對價格變化的反應比較敏感，因此K線圖中的趨勢線就會是很重要的判斷工具，相對的，投資人比較不重視成交量的增減，所以依成交量峰位劃的趨勢線，其意義也就小得多。

　　所以，下一次再問我今天成交量多少而我答不出來時，不要以為我不用心，而是我已經將它們圖像化了。

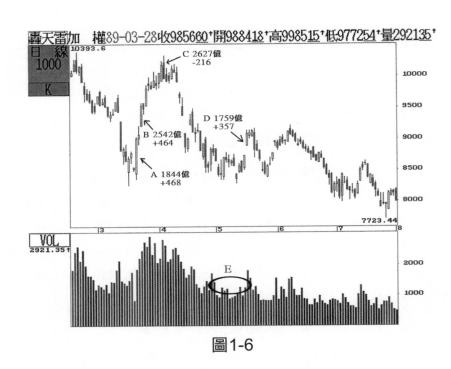

圖1-6

1. 圖中的K線A，以1844億的成交量上漲468點，B也以2452億推升了464點，而C卻以更大的2627億下跌了216點。

2. A、B處能夠順利推升指數，是因為之前已經累積了一段跌幅，賣壓在短線上已經減輕，因此比較小的買方力量就能夠推動指數上漲。而至C處時，又已累積了一定程度的潛在賣壓，加上遇前波高點，因此更大的成交量卻未必能再推得動指數。

3. 而當指數又回跌了20％疏緩相當程度的賣壓後，在D處又能以1795億的相對低量再反彈357點，雖然和高點相比是低量，但和上漲前的E區比卻又是相對大量，重點在於相對的比較關係，而非絕對值的大小。

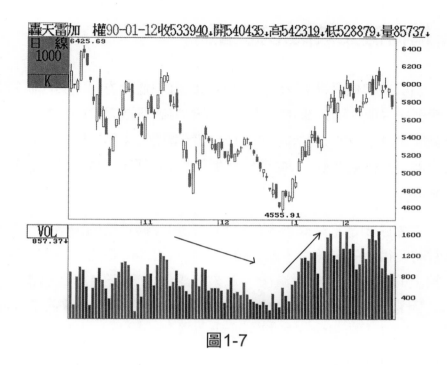

圖1-7

1. 指數上漲，是因為買盤不斷進場，而其力量又大過於潛在的賣壓
所導致。而基本面好的股票也要有認同的買盤進場才會上漲，而
非只要基本面好，股價就會自動上漲。

2. 圖中低點4555出現前，成交量持續遞減，賣壓雖也隨之遞減，但
買方的力量也仍薄弱，一直到成交量開始穩健遞增後，多空才開
始易位。

3. 如果把成交量右側的數字刻度拿掉，雖然不知其絕對數字，但由
量能潮的高低變化，一樣能夠辨識多空強弱。

5. 為何假突破的形態增加

假突破與假跌破表示價格回歸到原來的進行方向，其代表新的型態蘊釀失敗。而近來由個股所形成的突破買進訊號中，其再跌回原突破點甚至反向大幅拉回的百分比有增加的趨勢（整體而言有效的突破走勢仍佔多數），會導致這種結果與圖形的普遍使用有極大的關係。

主要原因是當越來越多的交易者運用突破買進的策略後，在突破當時及後續的短線中，即累積了較往常更多的買盤，一方面使得短線上的後續買盤相對減少，二來短線上的不安定籌碼也相對增加，因為潛在賣出的壓力變大（原本的買盤變成未來潛在的賣盤），因此形成越來越多突破失敗的個例。

但所干擾的是短線上的節奏，後續走勢的發展仍以依循原突破方向的結果居多，但在講究精確停損的交易原則下，將會帶給交易者是否結束部位的困擾，對於此，除了更加精選交易機會外，放寬停損價的設定也是因應的方法之一。至於突破時立即買進或是等待拉回時再買進，則依其股性及歷史形態做為決策的依據，但筆者仍傾向應該在突破時即建立部位，看似承受成本價較高的風險，但長期而言機率是相對有利的。

就實務上的統計而言，距離轉折處越近的突破與跌破，其準確性越高，反之，在累積一段的漲、跌幅後，其有效突破與跌破的機率也跟著降低。

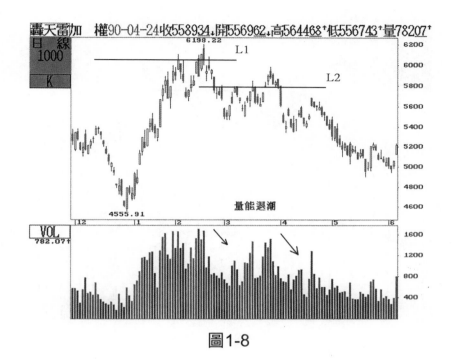

圖1-8

1.在89年12月出現4555低點後，指數急速反彈。

2.就在反彈幅度達約36%時，在A處出現了另一次突破L1的轉強訊號，但隨即又拉回至L1之下形成假突破的形態。

3.所累計的漲幅越大，發生假突破的機率也越大，破線後量能退潮也是辨識反轉的重要訊號。

4.B處再出現一次突破L2的轉強訊號，同樣的在跌回L2之下後形成另一次假突破，兩次的假突破都帶來可觀的跌幅。

5.而兩次都是因為突破訊號發生在相當的漲幅之後，同時第二次的突破距前波高點過近，因此假突破形態成立後，開始下跌修正的機率更高。

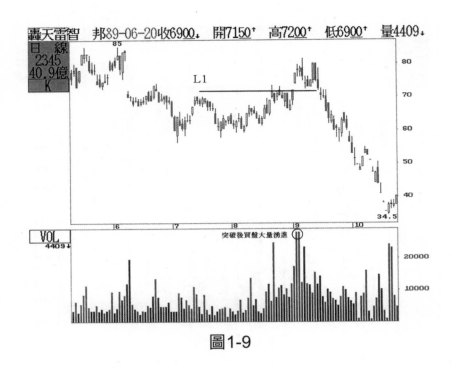

圖1-9

1. 經過三個月的整理走勢後,在突破L1後正式轉強。

2. 大過日均量甚多的買盤追價進場,而相對潛在的賣出力量也隨之增加。

3. 價格的上漲需要新的買盤進場推升,但太多的力量在同一時點釋出,造成多空力量瞬間易位,若缺乏使後續買盤再進場的誘因,則出現反轉並形成假突破的機率大增。

4. 當大盤指數形成假突破的形態後,其訊號的可靠程度要大過個別股,原則上,參與者越多的商品,標的物,訊號的可靠度越高。

6. 假突破形態的辨識與利用

就市場心理而言，假突破代表買盤退潮，意即看似強大的買進力量被賣方力量所掩蓋，而使得價格在突破之後又跌回原突破點之下。

這種情況大都發生在相對的高檔處，雖然未必就此形成波段走勢中的最高價，但至少意味著當時的多空強弱易位。

高檔的假突破代表多頭攻擊失敗，創新高後反向的賣出力量更強，因此跌破原來的突破點，甚至形成新的賣出訊號，當這種多單停損的訊號產生後，通常也是新空單的進場訊號。真正有效的突破應立即引來追價的買盤順勢推升價格，但缺乏後續買盤的跟進，加上賣出力量增強的背景下，才會形成假突破，因此，在其他條件也配合的情形下，反手做空的理由是成立的。

這種多空看法的立即轉變，就交易心理而言並不容易做到，但此為贏家的特質之一。實際交易中，雖未必能夠立即建立反向的空單部位，但也至少提供了結束原有多頭部位的訊號。

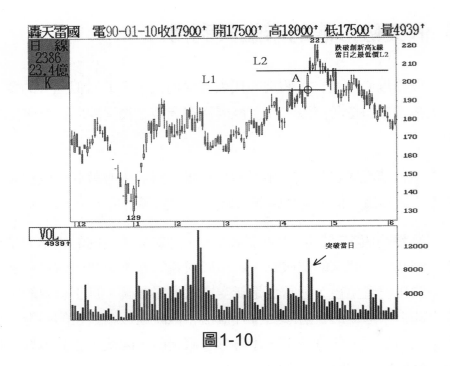

圖1-10

1. 股價在160～195間震盪近四個月後，在A處突破L1出現轉強訊號。

2. 大量的買盤在突破當日進場，也因為買盤集中在同一時點，才有機會創造出關鍵的轉折走勢。

3. 今日的買方成為未來的潛在賣方，而價格為影響其賣出時機的重要因素，價格持續創新高，買方面對的只有來自於獲利的賣壓，但反轉形態成型後，停損賣壓開始會加重賣出的力量。

4. 上升趨勢中每天的收盤價都對應著一個支撐位置，圖中L2即為221高點當日的支撐，跌破後為多單出場的訊號。

5. 當再跌破L1，假突破的型態確立，兩次的跌破都是賣出訊號。

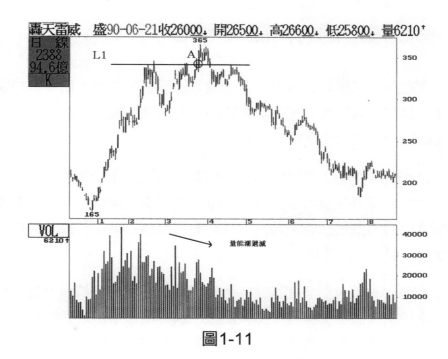

圖1-11

1.股價在A處形成突破走勢，為轉強訊號。

2.但其出現在自低點上漲以來累計漲幅已達100％的位置，依此當做買進訊號的風險已相對增高，量能潮逐漸遞減也是負面因素。

3.當股價跌回L1之下後，假突破的形態正式成立。之前累計的漲幅越大，訊號的正確率越高。

4.依此做為賣出的依據，其他條件也配合的情況下更是反手做空的時機。

7. 假跌破形態的辨識與利用

　　同樣的，假跌破代表賣出的力量強過買進的力量，而使價格跌破某一具有意義的支撐，但隨後新的買進力量出現，導致形成向上的突破走勢，而取代原先的形態。

　　這類的形態在相對低檔處尤其常見，當多數的賣盤都已經出場，代表實際還存留的潛在賣方力量已經減少，雖跌破支撐，但後續再賣出的力量也已經不強，一旦新的買盤再進場順利推升價格，將使得之前的跌破失敗。

　　有效的跌破會引發連續性的恐慌賣盤，而使價格持續下挫。反之，當價格跌破了支撐後，卻又能重回跌破處甚至形成新的買進訊號，即暗示潛在買盤的強勁，此不但是原有空單的回補訊號，在其他條件也配合的情況下，更是反手做多的時機。

　　個股走勢中的假突破或假跌破，都有可能是人為刻意作價的結果，尤其是小型股，但現今的市場結構，這種情況已日趨減少。以交易的立場而言，這兩種形態都提供了更明確的走勢方向，況且依循市場訊號順勢交易，會比臆測價格波動原因或聯想故事情節實際得多。

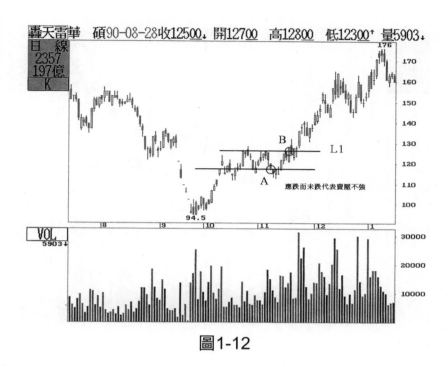

圖1-12

1.股價在A處跌破前波低點，形成轉弱的破線走勢。

2.之後並未就此一路下跌，反而逆向上漲並於B處突破原密集區的上緣，假跌破的形態成立。

3.在跌破A處時，之前所累計的漲幅不過30％，當時雖為明確的賣出訊號，但確未必是反手做空的機會，因為所累積的漲幅並不夠大，相對所累積的跌幅空間也較小。

4.利用突破L1後所形成的假跌破形態，反手做多的正確率提高，因為圖形經過了假跌破的確認。

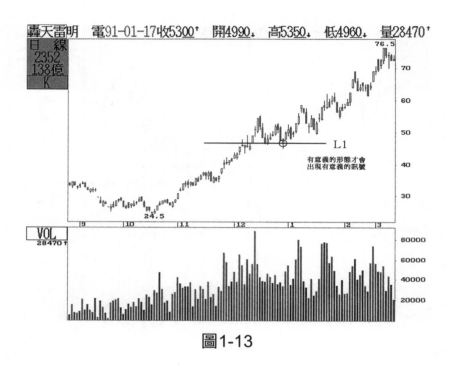

圖1-13

1. 在圓圈處的下影線，代表當日盤中曾出現跌破前波低點的破線走勢。

2. 而判斷跌破的有效程度，是以K線的形態為依據，通常形態蘊釀得越久，整理時間越長，其後續訊號的正確度也越高。

3. 本圖中的跌破發生前，L1之上的震盪時間和起漲以來所累計的上漲時間相比顯然太短，意即潛在賣出的心態並不會太急切。

4. 若依盤中的破線便斷定跌破成立就太過勉強，因為形態不夠完整。此外，以收盤價做為判斷依據也比較能夠真實反應多空的心態。

8. 你自己的市場人氣指標

在假突破的K線形態成立前，其突破走勢代表該股是當時大盤中的強勢股。反之，跌破重要支撐的個股，在假跌破的形態未成形前（未能反轉向上前），其亦為當時大盤背景下的弱勢股。

大盤指數的上漲若是由強勢股帶動，則上漲的結構較紮實，暗示後續的上漲空間也較大，而由弱勢股反彈所推升的指數，由於得不到強勢股創新高的確認，因此指數的後續動能也將受限。

選股過程中，若篩選出未可供做多的個股多過於做空的個股，代表指數趨勢向上，反之大盤趨勢向下，若多空個股接近均衡，則是中性的整理格局。

指數多空轉折的關鍵在此，當你所挑選出的強勢股紛紛轉弱並跌破支撐，甚至出現假突破的形態，表示指數即將轉空。因為連盤面中最強的個股都轉弱，那麼何來新的力量引導指數創新高？這種現象無須刻意觀察，當你做多的個股紛紛停損時就是最明確的訊號。

另一方面，當你做空的個股紛紛轉強而停損，即為指數轉強的訊號。該下跌的個股不但沒跌，反而逆向上漲出現假跌破的反轉形態，那麼何來其他的弱勢股能再摜低指數？

這兩種訊號，都是指數期貨多空部位的建立依據之一。本身持股的狀況，就是判斷市場人氣的最佳指標。

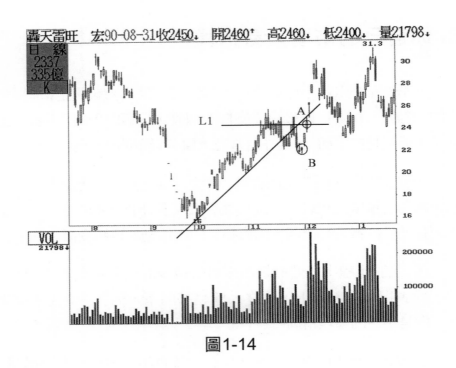

圖1-14

1. 股價自低點16元起漲至24元附近累積了50％的漲幅，量能遞減加上跌破上升趨勢線，震盪期間似有盤頭跡象，為當時之弱勢股。

2. 但股價在A處向上突破了轉強點L1，使得原本弱勢的形態由空轉多。

3. B處的K線形態，也形成之前所提到過的假跌破形態，如此更能確認該股走勢由弱轉強。

4. 由下一張所對應的大盤指數圖，可觀察出其相互的連動性。

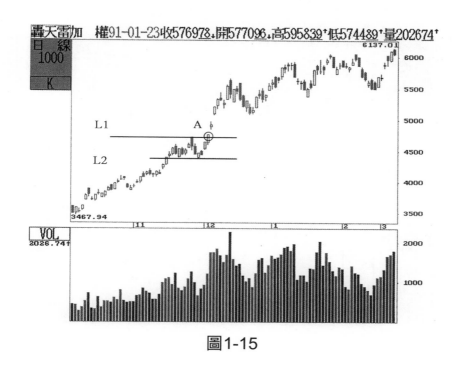

圖1-15

1. 圖1-14中A處的轉強日，同樣是本圖A處中的轉強日，當日指數收盤創新高點，並脫離了介於L1、L2的密集區，此為結束盤整的轉強訊號。

2. 指數轉強必然是由某些強勢股的上漲所導致，而盤面中的個股也會互相影響，潛在的賣方會因為指標股轉強而降低賣出意願，另一方面，潛在買方也會變得積極出手，新的趨勢就此形成。

3. 指數轉強，配合原本所認定的弱勢股也轉強，更能確認指數轉強的正確率。

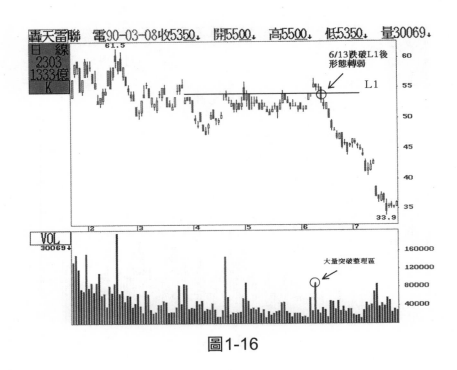

圖1-16

1.股價橫向整理近三個半月後，收盤價創新高，形成突破走勢。

2.突破當日成交量放大，但隨後的幾個交易日中買盤並沒有持續進場，低成交量發生在這種大型股代表著買氣不連貫、薄弱，而非惜售導致量縮，量縮而又大漲才代表惜售心態強烈。

3.在股價跌破L1後，形成假突破的K線形態，初步已轉強時卻未能續強，就好比在棒球比賽中該得分卻未能得分，氣勢大減，多空易位。

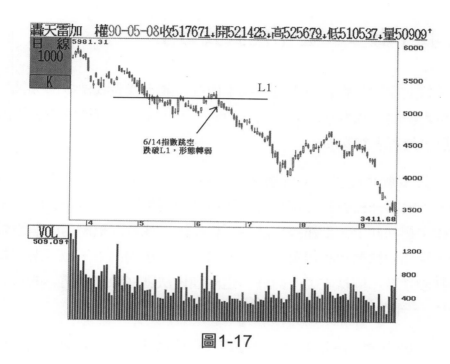

圖1-17

1. 前圖中的聯電由多轉空後，代表盤面中的強勢股由強轉弱，而連強勢股都轉弱，大盤指數要續漲更不容易，尤其該股佔指數的權值重，是重要的指標股。

2. 就在聯電於6/13破線轉弱後，隔日指數直接開低跌破了L1，因此指數也形成假突破的K線排列，之前突破L1的走勢無效，多空易位。

3. 尤其在前一日重要個股已先轉弱，更能確認指數轉弱的正確率，而形成指數期貨空單的進場機會。

4. 強、弱勢股的反轉可推論指數的反轉，相對的，若指數先反轉也會影響強、弱勢股的動能，兩者可相互確認。

9. 我不做多，並不代表我做空

　　換句話說，也可以說是「我不做空，並不代表我做多」，這是對於走勢的一種看法。先有基本的看法，才能依照行情的看法挑出個股，進行多空交易。

　　大多數的投資人不分趨勢永遠做多，也有極少部份的人專做空，不論哪一種做法，都只有在和當時的趨勢同向才會是對的。當大盤主趨勢向上，沿途找自認為已經超漲，或有回檔壓力的個股做空，這種做法要獲利很難。反之，當大盤主趨勢向下，還不斷尋找逆勢股做多，同樣吃力不討好，這兩種做法就好像是樂透彩的買方一樣，一開始就處在機率不利的一方。

　　以股市食物鏈分析，一般投資人和機構法人、大股東、主力相較，不論在資訊取得及種種交易優勢上都處在不利的地位，而只有在多空看法改變後，轉換部位時有著速度上的優勢，以及可以選擇零持股完全沒有多空部位的優勢。

　　「我不做多，並不代表我作空」代表的也是一種行情看法，也就是我對於行情看法已經轉趨保守，因此目前不做多，而另一方面也還沒有足夠的訊號顯示即將轉弱或已經轉弱，所以也不做空而採取中性的態度。

　　而「我不做空，並不代表我做多」是指指數或個股已經修正過一大段，目前沒有再進一步的轉弱訊號，但也缺乏反轉向上條件時的心態。這兩種心理狀態出現時，有人會說你是騎牆，但你可以反

過來告訴他：有時候沒有看法會是最好的看法，因為贏家不會接受勝率小於50%，甚至小於70%的遊戲。

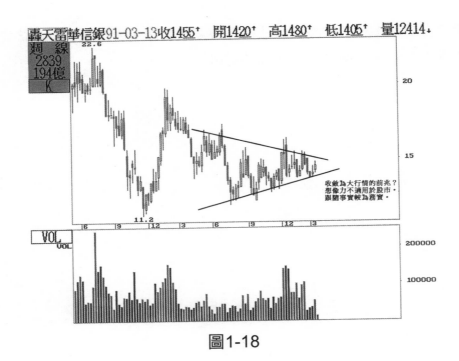

圖1-18

1. 這張近兩年的週線圖，嚴格來論並無明顯的趨勢可言，也就是多空兩不宜，不具有交易的價值。

2. 傳統的技術分析派，會認為圖形呈現收斂整理而極有可能發展出重大的向上突破走勢。

3. 這種想法並不完全對，因為犯了邏輯上的錯誤，是因為潛意識中希望見到這種圖形發展，因此會有一廂情願的推理。

4. 客觀的作法是等到發展出可供確認的形態後才建立部位，因為屆時的勝率已經大幅提高。那麼你願意接受哪一種賭注？

5. 依當時的形態而言，股價需上漲約10％才能確認轉強。

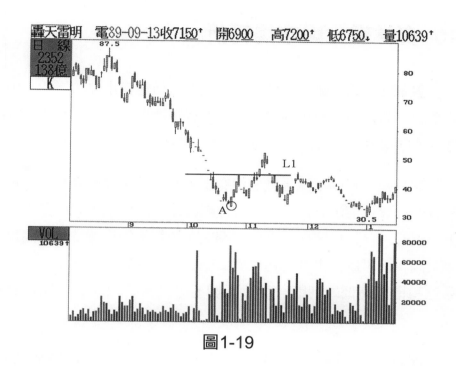

圖1-19

1. 該股自89年8月高點87.5開始修正至A處以來，累計跌幅約63％，這段下跌過程中沒有任何買進訊號，另一方面，空單也沒有理想的進場機會。

2. 隨後出現突破L1的走勢，但其形態太小，且距離前波大跌的時間過近，充其量僅有反彈的空間，並不具有做多的充分理由。

3. 而之後走勢隨勢沈浮，毫無脈絡可循，也就是沒有做多與做空的機會，對於行情沒有看法，自然不可能接受勝率只有50％的機會。

4. 「我不做多，並不代表我做空」，意即在此。

10. 資券變化與市場轉折

　　融資的使用者雖然並非全都是散戶，但融資水位的增減，仍可觀察出目前市場上的普遍看法，代表著多數人的心態，而融券的高低水位同樣也代表著當時市場上多數人的心態。

　　累計每一日的增減幅度並沒有太大的意義，這點就和統計每日外資的買賣超情況一樣，太過於重視細節上的變化，只會帶來資訊上的混亂，自己找麻煩。真正的關鍵在於轉折的辨識，因為高可以再更高，低可以再更低，過去歷史絕對數字的影響是微乎其微，這點也和指數高低的判斷一樣，一切要等到轉折出現後才顯得有意義。

　　簡單來說，融資、融券的使用者代表市場中贏家與輸家的分布，多數人的看法總是錯的，大盤融資的最高水位會出現在指數最高點之後，而最低水位會出現在指數最低點的附近。相對的，指數高點的融券水位必定不高，而指數低檔區的融券餘額也會高過於指數高檔區的融券餘額。市場氣氛是造就此一分布結果的主要原因。

　　藉由上述的判斷，可以明確觀察出當時市場上的多空心態，但實務運用上僅能當做輔助的指標之一，一切還是以K線的走勢、形態為主軸，當標的物的多空轉折出現後，再參考資券變化增加其判斷的正確機率，而不是單純由資券的變化來反推價格的轉折。

　　此外，參與者越多的個股，其資券的參考價值也越高，許多小

型股及籌碼集中個股的資券並無法反應大眾的心態，有時反而要以此進行反向思考。

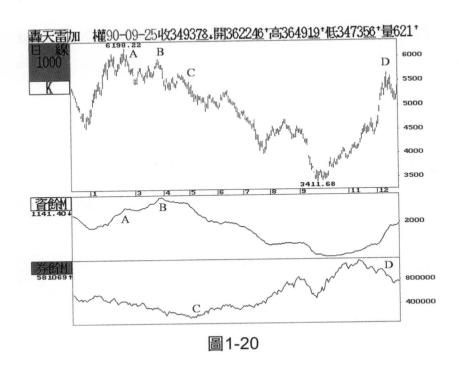

圖1-20

1. 90年指數高點出現在A處，之後反彈出現另一個高點B，指數位置A
   ＞B。

2. 但相對融資餘額的水位卻是B＞A，顯示在指數出現拉回之際，吸引
   了許多認為應該「逢低承接」的融資買盤進場。

3. 此後隨著指數的下跌，融資也不斷遞減，賣壓逐漸消化中。

4. 反觀融券餘額在指數高檔處都位於相對的低水位，而在下跌過程中
   持續增加。每增加一個人看空，就代表增加一個在未來買進的力
   量。

5. K線圖中C與D的位置相當，而沿著C在下跌過程中融券獲利者少，
   反而是從最低點沿路被軋空者眾，整個循環驗證了多數人長期屬於
   虧損的事實。

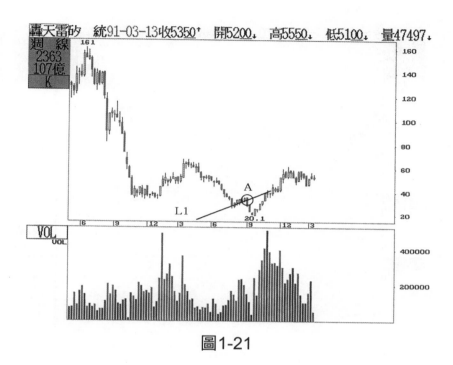

圖1-21

1. 分別以週、日線分析90年軋空代表股矽統的多空心態。

2. 週線中股價在A處跌破L1後，為一賣出訊號，若順勢做空，則應設緊密的停損，因為其並非為頭部起跌的形態，同時也已經累積相當的跌幅。

3. 做空這類低檔破線的個股，勝率通常比頭部形態的個股來得小，可是獲利速度卻比較快。因為已經修正過一大段，因此潛在彈升的力量較強，這也是停損要設緊密一點的原因。

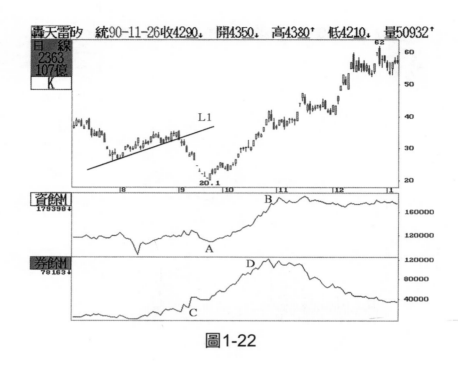

圖1-22

1. 日線圖中的L1即為週線上的L1，跌破後急速下跌。

2. 在20.1元的低點出現後，融資餘額A→B，及融券餘額C→D隨股價上漲同步增加，券資比也一度高達65％以上，加上當時融券餘額約等於日均量，潛在的軋空能量強勁。

3. 由融券C→D段的過程中，做空者聽到的是市場謠言，但忽略眼前的真實走勢，也認為在反彈過程中可以再加碼做空，而輕忽了資金風險。

4. 總而言之，大漲過後的融資大增，大跌過後的融券大增，通常都是錯的一方。

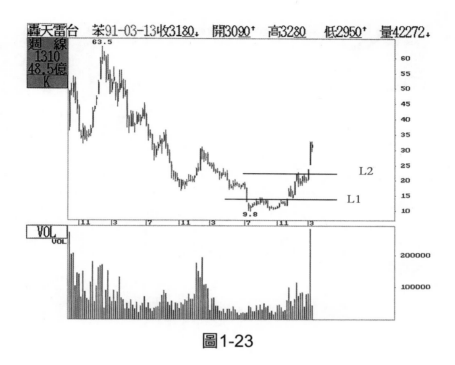

圖1-23

1. 分別以週、日線說明一般融券放空者的心態。

2. 週K線上出現兩次突破L1及L2的轉強訊號，在這種主趨勢已經轉
　為多頭的背景下，融券做空等於是逆勢操作。

3. 既然已經明確定義主趨勢為多頭，勉強做空的機會也只有在回檔
　出現時，如此不但勝率小，就算獲利其空間也不大。

4. 不論就潛在獲利／損失的機率，以及潛在獲利／損失的空間討
　論，都不適於空單的交易。

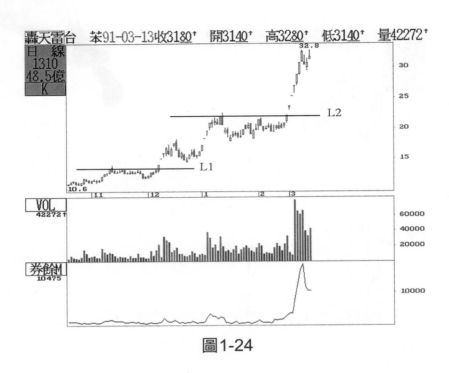

圖1-24

1. 日線中的L1及L2，即為週線中的L1及L2。

2. 融券餘額在突破L2後急速增加，從圖形中無法分析其真正建立空
   單部位的原因，認為短線漲幅過大（超過100％）而有回檔壓力
   是最有可能的解釋。

3. 這個可能性當然存在，但這個推論僅建立在過去的歷史上，K線
   形態並不支持，整個決策基礎顯得薄弱。

4. 應該順勢做多的機會，卻反向尋求回檔的空單獲利，結果截至當
   時半數的空單回補在相對的高檔。

11. 均線的迷思

移動平均線是普遍使用的分析工具之一，藉由短、中、長期均線，呈現每個階段投資人的平均成本。短期均線向上穿越長期均線稱作「黃金交叉」，代表趨勢轉強，而短期均線向下穿越長期均線稱為「死亡交叉」，代表趨勢轉弱，看似簡潔、明確，但若均線真的具實用性，80%以上的輸家何來？

當趨勢轉空後，最常聽到的是類似：
「週線附近應有支撐」。「逢回遇月線是最好的加碼點」。
等到跌得更深時，
「根據歷史經驗，跌破年線一週內必將反彈」。
「十年線若跌破，十一年線將會止跌」。

上述常見觀點的錯誤在於乎略趨勢及形態的改變。均線所代表的不過是參與者的平均持有成本，而平均成本何來支撐的力量？回到了成本區不見得每個人都會再買進，與其說均線具有支撐的力量，不如說是具有心理藉慰的力量。

又當股價開始反轉向上後，向下傾斜的均線常被視為壓力，因為其代表平均套牢成本，可是趨勢成形後的買進力量，必然會大過潛在賣出的力量，既然如此何來的壓力？

再以長短天期交叉的訊號討論，短天期均線所形成的交叉次數太多，會形成訊號上的混亂，而等到長天期均線交叉後，股價又早

已經反應一大段的走勢，只是落後指標。回歸到單純的量價關係及
K線形態，就足夠判斷多空強弱了。

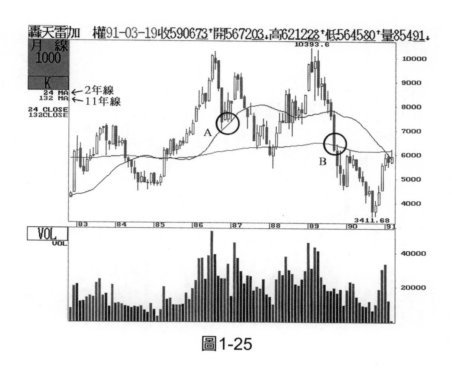

圖1-25

1. 此為83年至91年初的月線圖，兩條移動平均線分別為兩年線及十一年線。

2. 而為什麼不採用年線及十年線較為普遍的時間長度？事實上，年線和兩年線，十年線和十一年線的差別何在？兩者的實用性都不高。

3. 在A處，兩年線看似有支撐的作用，但人們可以用任何時間長度的均線使圖形看起來有道理。

4. 而在B處，當時市場普遍認為十年線有撐，但十年線破了，圖中的十一年線也破了，難道要再看十二、十三年線嗎？

5. 多空角力的結果形成了K線與成交量，進而演變為趨勢，才是關鍵所在。

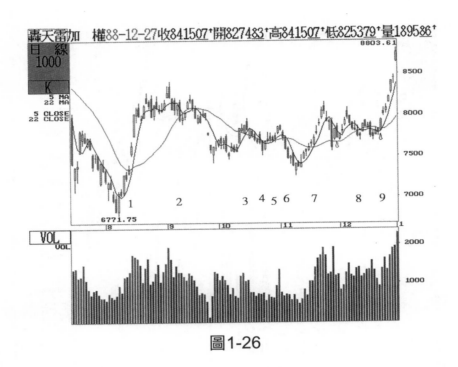

圖1-26

1. 此為88年下半年加權指數日線圖,兩條移動平均線分別為週、月
   線。

2. 其間共出現五次「黃金交叉」,及四次的「死亡交叉」,但真正
   有效的訊號只出現在1和9兩次轉折,其餘的7次等到交叉訊號發
   出後,後續的動能空間都很有限。

3. 若單純依據向上交叉買進,向下交叉賣出的操作,在盤整期間發
   生虧損是必然的。

4. 短期均線太過敏感,導致過多的錯誤訊號,而長期均線,太過遲
   緩,延誤了最佳進場時機,這都是均線使用上的限制。

12. 理性與非理性

　　股價的變化是由投資人的買賣行為所形成，每天的收盤價沒有所謂的合理與否，因為這個價格是當時買賣雙方所都認同的價格才會成交。

　　漲時一片看好，跌時一片看壞，正是交易市場中普遍的人性，在各種條件都不變的背景下，一檔個股的股價可以兩個月內在60～80元間震盪，每個成交價都代表當時買賣雙方的共識，但其價格相差了33%。

　　話說回來，不理性的買賣行為才會帶來大的波幅，而大的波動才會造就出大的獲利空間，不論上漲、下跌皆然。反之，股市中若每個參與者都是理性的，缺少了不理性的激情，那麼股價的波動很容易就讓人在盤中打起瞌睡來，相對的潛在獲利空間也就縮小許多。

　　實際情況是，大的獲利機會需要由不理性的買賣行為所蘊釀，以及不理性投資人的參與，諷刺的是，越不理性的投資人卻又是最容易虧損的人，而理性的人比較能夠從中獲利，但前提是理性需配合膽識。

　　從心理面分析，當股價已經累積相當漲幅，又不見安全的買點，此時應理性地按兵不動，旁觀他人在場內廝殺，或許在頭部成型後會有做空的機會。以理性利用他人的不理性。

　　不理性的人犯得錯越多，帶給理性又有膽識的人的機會也越多。不理性的投資人應該被讚美、被歌訟，因為他們帶來更多的交易機會。

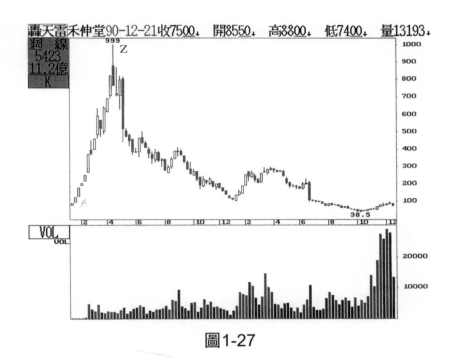

圖1-27

1. 台灣股市每年都會有一兩檔這類的飆股，不論是轉機股、軋空股，只要給一個上漲理由，想像的空間，買盤就會蜂湧而入，追求題材下的獲利機會。

2. 由A點到Z點，漲幅超過10倍，股價漲得越高，每一天漲停板的絕對金額也會越來越大，好像今天不買明天就要用更高的價才買得到，盯著盤面跳動的投資人尤其容易受股價上下起伏的影響。

3. 等到買盤的力量用盡了，隨之而來的就是潰堤般的賣壓。股票具有產業面的利多絕對是好事一樁，但需提防在不理性買賣行為下帶給多空雙方的傷害。

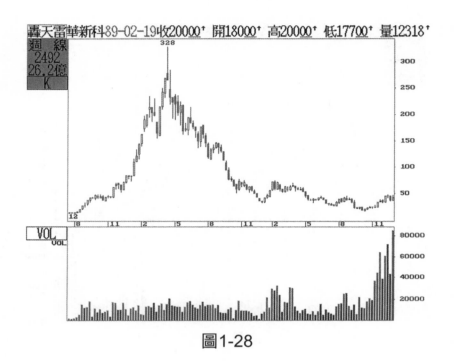

圖1-28

1. 該股堪稱89年的多頭代表作，股價雖不若90年的禾伸堂來得高，但其累計的上漲倍數卻是大得多，這類走勢的個股通常都有股本小、籌碼集中的特性，而參與者越多的大型股，就越不容易出現這種剽悍走勢。

2. 實務上要獲得整段完整獲利的難度太高了，需要那麼一點的不理性，才能一直持有獲利的部位不放，又要有絕對的理性，才能在相對的高檔退出。

3. 然而最常看到的景象卻是原本保持著理性在場外觀望，最後又不理性地進場追高，取捨之間是最大的難處。最保守而安全的做法是放棄沒有高勝率的機會，把機會留到下一個訊號。

13. 支撐、壓力新解及運用

價格的趨勢以向上、向下及盤整三種形態區分，而其支撐、壓力的運用分述如下：

當趨勢向上運動時，慣性同樣向上延伸，在沒有新的且足夠的反向力量出現前，慣性不會改變，上漲過程中雖然偶有震盪，但大方向仍是往上，此時相對應的只有支撐位置，支撐未跌破代表向上的趨勢仍然被確認，一直到最後的支撐跌破為止。

當趨勢向下運動時，慣性向下延伸，在新的買進力量不足以扭轉慣性轉而向上前，趨勢會持續向下，此時所對應的是壓力位置，直到壓力被克服之後，才代表多頭重新取得優勢。

而當價格處於盤整階段，多空雙方尚未取得明顯優勢時，每天的收盤價會相對應一個支撐點與壓力點，一旦價格在未來向上突破了壓力位置，代表趨勢轉強，而若價格向下跌破了支撐位置，則趨勢轉弱。

因此在股價形成向上趨勢後，所有在上方的移動平均線和前波套牢區都不會是真正的壓力，股價創新高後更是如此，該波段本身的賣壓強大到使價格跌破支撐後，多空才會易位。

反之，所有在價格下方的移動平均線及K線密集區也都不是主要的支撐，一直要到賣壓疏緩，買方又能克服對應的壓力位置後，才會止跌回升。

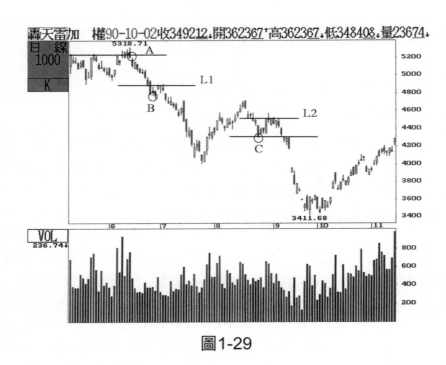

圖1-29

1. 在A處跌破原來的突破點後，形成前面章節提到過的假突破訊號。

2. 跌破前波低點B後，L1的位置即成為新的壓力所在。

3. 再跌破前波低點C後，L2也成為當時所對應的壓力位置。

4. L1及L2是日線圖中比較明確的反壓，而在實際的流程中，其間當然也還有其他不同收盤點所對應的壓力位置，而如何選擇當時的壓力位置，則以對走勢多空看法的強烈程度而定，強烈的看多或看空，可以設較寬的停損點，反之則設較為緊密的停損點。

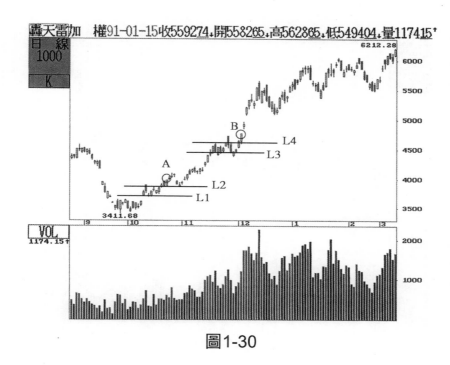

圖1-30

1. 在A處突破轉強後，依當時對走勢看多的程度，可以選擇以L1或 L2為支撐，若十分看多，則應選擇較低的L1，如此可以避免因為 較緊密的停損點而過早發出出場訊號。

2. 在B處突破後的做法相同，L3及L4都是具有意義的支撐。

3. 實務上的支撐及壓力並非實際的某個點位，而是指某一個區間， 如5800～5820點間具有支撐，或7160～7180點間是反壓位置， 如此較為寬度的定義比較貼近市場的實際狀況。

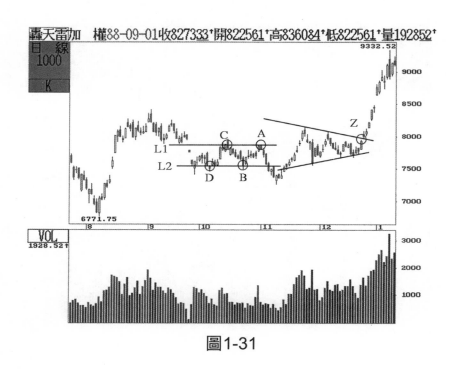

圖1-31

1. 有了A、B兩點後，才能連接C、D上下各劃出一條壓力與支撐
   線，其代表當時震盪走勢中的轉強點與轉弱點。

2. 在跌破B的支撐後，卻隨即再反向衝高，至此，之前的支撐和壓
   力必須重新設定，因為L1與L2已經失去意義。

3. 此後指數空間開始縮小，也有了向上及向下傾斜的新支撐和壓力
   線。

4. 持續壓縮後在Z處突破，克服壓力區後一路直上，形成標準的突
   破走勢。

14. 先有雞還是先有蛋？

日K線的走勢約有70％屬隨機，而時間參數越大，其隨機性也會跟著降低，像是週、月線，很容易觀察出趨勢的方向。而時間參數越小，像是五分鐘線、十五分鐘線，也就越沒有脈絡可尋，只有在短期K線型態配合長期K線型態後，才會出現比較明確的訊號。

這也是絕大多數短線客虧損的原因，要在勝率只有50％的情況下做出買賣決策，再加上人性弱點及手續費的支出，虧損是必然的結果。

預測（其實是猜測）每天盤中的高低點也是一樣，你如何能以過去的價格記錄預測次一日的高低點？常見的公式CDP也只是在盤整期間能提供一點非常主觀的數據而已，任何預測高低點公式的謬論在於沒有考慮到未來的買賣力量，如果不把今天的買賣力量計算在內，又如何能夠知道今天的高低點？

如果我今天要買進一檔日均量只有1000張的個股3000張，那麼我知道該股今天上漲的機率很大，只能說非常大而不能100％確定，因為你不曉得會不會有更大的賣盤在今天出現。個別股是如此，更何況是大盤指數的高低點？至少要等到短期K線排列出一定的形態，才能判斷其可能是當天的高低點。

先有雞還是先有蛋？這個問題就好像是別人問你——你在吃的雞肉是公雞肉還是母雞肉，或是這隻雞是什麼星座一樣 ——我怎麼會知道。

同樣的，明天的高低點我也不會知道，訊號出現後，才有「可能」知道，收盤後，就一定知道了。

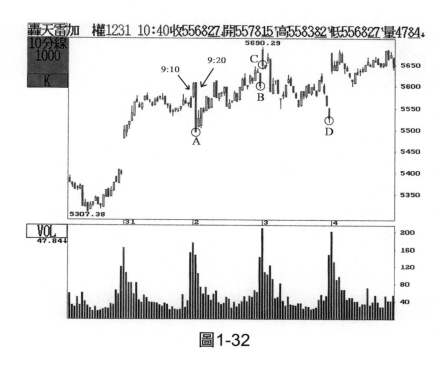

圖1-32

1.此為指數的10分鐘K線圖，為期五個交易日。

2.2日當天在9：10前是上漲的，9：20時卻反向下跌了約110點到當天最低點A，當時盤中的氣氛很難使人認為A就是當天的最低點。之後開始反彈收盤在B處。

3.3日開高走低，C、D兩點為當天的開收盤價，在圖中高點5690出現時，也很少人會認為當天竟會收在D的位置吧。

4.問題在於收盤收在B處時，真能有公式算得出5690及D的次一日高低點嗎？

5.短期的K線走勢若不配合週、日線觀察，就100％只是隨機的走勢了。

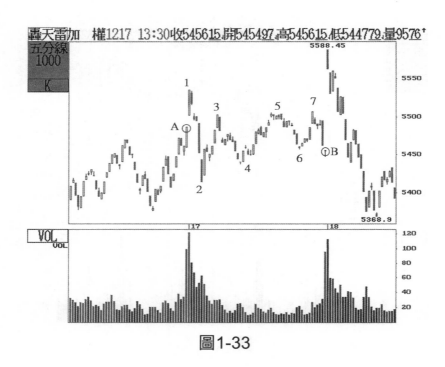

圖1-33

1. 以五分鐘K線圖，說明預測明天盤中高低點的幻想，以及短期走勢的隨機性。

2. A處為前一日的收盤點，B為17日當天的收盤點，A、B落差約30點即是17日當天的跌幅。

3. 然而17日當天的五分鐘K線圖出現了7次轉折，最高最低點的落差約170點，而且在開盤後的30分鐘內就已經分別出現。

4. 但若以日K線判斷，就大致可以推測出次一日的可能走勢了。再看下圖1-33。

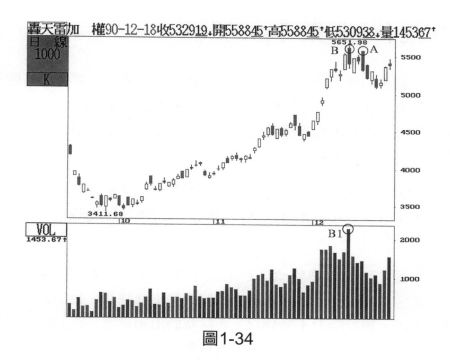

圖1-34

1. 圖中A處即為圖1-33中17日的次一交易日，當天開高走低，留下了長黑棒。

2. 當天開盤就是最高價，而當天偏低的成交量顯然無法和B1抗衡，因此開盤後不久的賣出訊號正確率頗高，和圖1-32的震盪走勢相較，走勢就顯得容易推理得多。

3. 但若只看5分鐘線也還是混亂的震盪，搭配日線才能夠了解真實的多空優勢。

4. 看到了訊號，才能回答可能是先有雞，還是先有蛋。

15. 有什麼股票可以買？

不論多頭或空頭市場，「有什麼股票可以買？」都是最常聽到的一句話，但我們卻很少聽到有人問道有什麼股票可以空？同樣的，也有很多人會問這檔股票「還可不可以」買？卻很少人會問這檔股票該賣了沒有。

大家習慣於買進→持有→賣出的程序，卻忽略了注意市場趨勢，永遠的多頭必須能夠承擔股價修正時的風險，同時也放棄做空的獲利機會。

多頭市場中買進股票，結果的差別只是在於賺多賺少，比實力，比膽識，也比一點的運氣。每個人幾乎都賺錢，每個人也都像是分析師，選股能力不易分辨。而當空頭市場來臨，選股能力好的人所選出來的股票，反而有可能跌得最多。空頭市場中不論怎麼選股大概都是虧損，差別只是在於輸多輸少。

拿射飛鏢比喻，100檔個股中有90檔會漲，拿五支飛鏢隨便亂射，全部射到那10檔不會漲的股票的機率很小，所以多頭市場裡做多幾乎人人獲利。換到了空頭市場變成只有10檔股票會漲，五支飛鏢要全部射中這10檔個股的機率也很小，因此少聽到有人在空頭走勢中做多還能獲利的。

問題就在此，一年中的每一個交易日都做多，就好比一年365天不分冷熱都穿大衣或T恤一樣，同一件衣服不會在每一天都適合穿，同一種交易策略也不會適用於每一種走勢。出門看天氣，進場也要看趨勢。

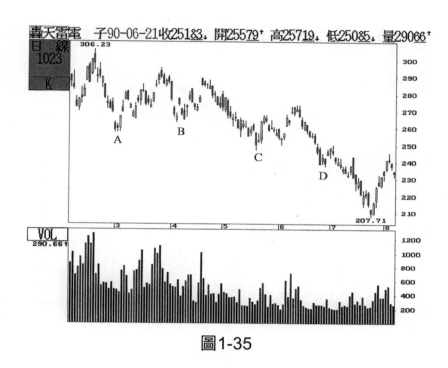

圖1-35

1.舉90年中，指數自6198高點修正以來的電子指數為例。

2.趨勢向下的過程中，就算能在每一次轉折的低點A、B、C、D買進，之後也還是有新低價，逆勢操作永遠是招致虧損的主因。

3.持續向下加碼或許有扳平的一天，但就算反敗為勝，靠得是用資金硬「熬」回來的，而不是因為行情判斷正確而獲利，贏得不漂亮。

4.也有人會以長期看好的理由持續加碼，那麼請留意那即使是1％的風險。

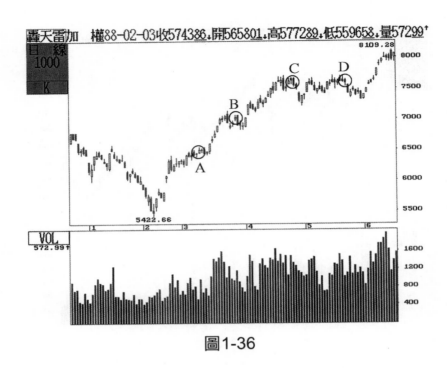

圖1-36

1. 前圖說明了逆勢作多的不利之處，接著再舉一在上漲格局中逆勢做空的圖例。

2. 圖中A、B、C、D四點，都是量價及K線型態出現瑕疵的位置，雖已經出現5422的可能低點（當時的背景下），但在A、B、C、D四個時點上，依循訊號建立有可能在拉回過程中獲利的空單仍屬合理推論。

3. 但交易結果不是停損就是蠅頭小利，遠不如順向做多來得輕鬆自在。

16. 他們在買還是在賣？

之前已經討論過價格的波動70%以上屬於隨機走勢的原因，當然這個論點並非人人認同，進而努力想解開股市每個細微變化中的答案，為每一個轉折，漲升下跌的過程尋找背後的故事。

在盤中的新聞評論中我們常常聽到：因為外資今天大買某某個股，因此該股大漲，也帶動了指數的上漲。事實上除非有特殊管道，否則怎可能在盤中就知道法人的大動作？諷刺的是，當日收盤後的統計結果外資是賣超而非買超。況且，單一日的買賣超並不代表任何人對於走勢的真實看法，再者，就算跟隨大玩家的腳步，也未必每個波段都正確。

再舉一例，統計摩台指的多空比例，可以大致得知目前市場的多空心態，當多空比值達到某個極端的比例，通常是走勢即將反轉的前兆。但若當時市場有作多台指，放空摩台指的套利空間，那麼多空比值的參考性也會降低。若從單純的短期買賣行為要拼湊成一張完整的藍圖，只有靠著豐富的想像力了。

解讀每一個市場訊息，在學術上可行，實際交易中則大可不必。我們不需要知道每一個漲升背後的真實原因，因為只要買盤能夠持續進場，你的多頭部位就還不用急著出場，至於知道是誰在買，誰在賣，對於部位的實際獲利是沒有任何幫助的。

另一方面，大玩家也有出錯的時候，若當走勢已經明顯頭部成型開始下跌，但你又知道某個大玩家正在全力買進，如此是否會造

成判斷上的干擾？89年四大基金在8000點時進場護盤就是實際的
例子。

　　K線與成交量是多空對戰後的結果，觀察盤面中的事實，總比
臆測其他玩家的意圖實際得多，因為他們的意圖已經顯露在圖形之
上了。

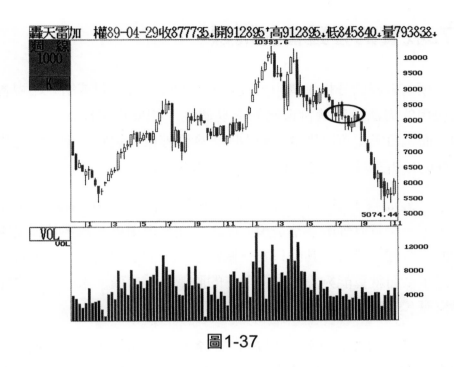

圖1-37

1.圓圈處是89年指數自萬點開始下跌至8000點時，四大基金開始進場的位置。

2.這是當時人盡皆知的市場消息，許多投資人也因為政府強力做多，因此跟著加碼買進。

3.大家都知道政府做多，但對於你的實際獲利並沒有幫助，跌破8000點後銀行團、國安基金也都跟著進場護盤，但終究不敵趨勢的力量。

4.哪個市場大玩家看多或看空根本不重要，重點是你是否和趨勢站在同一邊。

17. 我養的猩猩會射飛鏢

　　所有各種的分析工具中，沒有絕對的好與壞，對或錯，端視各人使用的方法是否適合自己的交易個性。如果我家裡養了一隻猩猩，而牠每天都可以用飛鏢射中明天會漲停板的個股，牠就會是我最好的分析工具，也是全世界最強的選股機器。

　　一般而言，基本分析容易陷入數字的陷阱，每股盈餘、本益比、下一季營收等數字都是預估而來，之後再用更多數字計算出所謂的「合理」股價，其中只要一個數字，一個環節錯了，是否答案就錯了？而就算能夠算出「合理」的股價，「市價」未必在未來能夠反應。一廂情願是基本分析的最大陷阱。

　　而純粹的技術分析，會以過去的各種統計數字，代入各種被他們奉為神諭的公式中，試圖預測未來指數或股價的高低點，甚至「規劃」未來的走勢。大盤指數（個別股有可能）如果能被「規劃」，那就是笑話了。

　　每一個收盤價，都是市場上每一個參與者的買賣行為所形成，而試圖規劃行情就等於是猜測其他參與者「在什麼時候會做什麼動作」，而忽略未來每個時點上所處的背景。

　　而我當然也沒有養著這麼一隻猩猩，比較實際的做法是依K線形態配合成交量，分析目前市場多空力量的強弱，再依「推測」出來的看法建立你的多空部位。

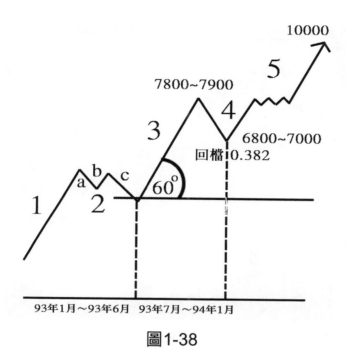

圖1-38

1. 本圖為虛構的走勢圖，同時也是一般常見的走勢「規劃」圖。

2. 純粹的技術分析容易掉入過度預測的陷阱，以過去歷史預測上漲下跌的空間，甚至發生轉折的時間也在預測範圍內。事實上每一次轉折的K線排列形態都不會一樣，上漲的波形、時間長短也不盡相同，如何能以過去走勢預測未來走勢？

3. 利用圖形即有的事實辨識形態的反轉，判斷多空的強弱，是圖形的價值所在，而不是利用圖形訓練自己的想像力。

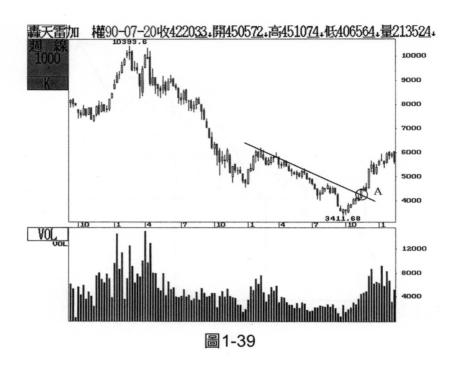

圖1-39

1. 90年指數最低點來到了3411，當時在3500點附近時，各種「預測」指數低點的看法紛紛出現，有人看3000點、2800點、2500點的都有。

2. 那麼，是不是所「預測」的低點一直沒有出現就一直不做多呢？等到轉折出現再直接進場做多是比較實際的做法吧。

3. 90年低點自3411起漲，週K線的轉強點是在突破下降壓力線的A處，由此確認趨勢的改變。

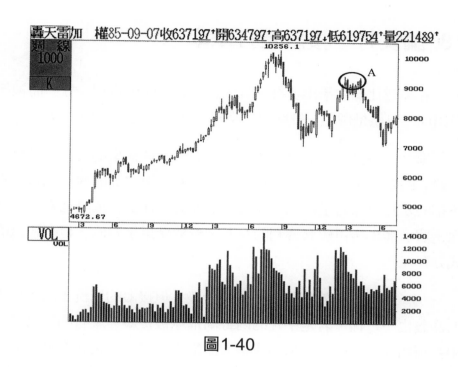

圖1-40

1. 人的心理特質傾向認為高還有更高，低還有更低，因此容易忽略已經成形的反轉型態。

2. 如同86年指數攻上萬點之時，各種「預測」指數高點的數字紛紛出現，12000點、14000點、15000點都是所謂的「目標價」。

3. 自然而然的在還沒有到「目標價」前，當然捨不得賣出，之後反彈至高點A時更重新燃起了希望，然而「預測」的高始終沒有來。

4. 因為預測而產生的期待心理，反而會是實際交易的拌腳石。

18. 論安打、接殺及打擊率

在棒球比賽中擊出安打，就像在一筆操作中獲利一樣。而被接殺出局，也像是做了一筆虧損的交易，情緒上的感受相類似。

雖然是安打，我們應該了解是屬於哪一種類型的安打。結實擊中球心的安打，代表多空交易中精準的判斷與完美的執行，是不折不扣的安打。而若是擦到球棒邊緣形成的幸運安打或場地安打，就像是買進套牢後再解套獲利的交易，雖然結果是對的，但有運氣的成分存在。

另一方面，雖然打擊出去後被接殺，但接殺的情況不同，代表的涵義也不一樣。若是平凡的內野高飛球被接殺，就有如交易過程中判斷錯誤而又能未停損造成龐大的損失一樣。但是在全壘打牆前被接殺的意義就不一樣了，這代表著這個球員具有實力，只是這一次沒有打好而已。就好比在100元買進，但是在跌破所設的支撐97元後立即停損，而之後股價跌到50元一樣的道理，有著分析判斷的能力，只是這次沒做好而已。

不能以單一場球賽的表現斷定球員的實力，因此觀察累計的打擊率和其他攻守數據才能真正看出一位選手的實力。

同樣的我們無法以單一筆交易，甚至一波走勢論定交易能力的高低，而要在市場歷經幾個多空循環轉折後，才能以獲利率判斷出真正的交易能力。

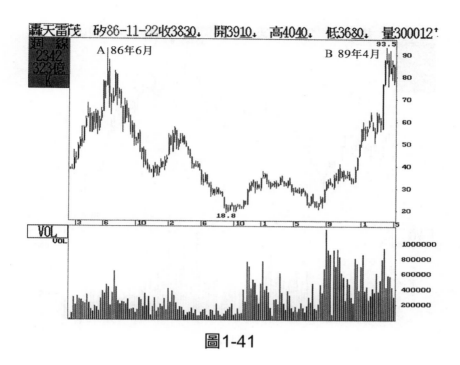

圖1-41

1. 圖中A、B兩個峰位分別在86年6月及89年4月出現。

2. 假設某人在A處買進，之後一路套牢，也一路持續買進，三年之後經過配股及攤平的操作，當股價回到B處時已經獲利了。

3. 雖然擊出安打，但不漂亮，而若換成是當年的藍天或力捷等個股，就不會是一支安打了。

4. 這一道菜很好吃，但如果你知道在廚房裡是怎麼做出來的話，也許你就不會想要吃它了。

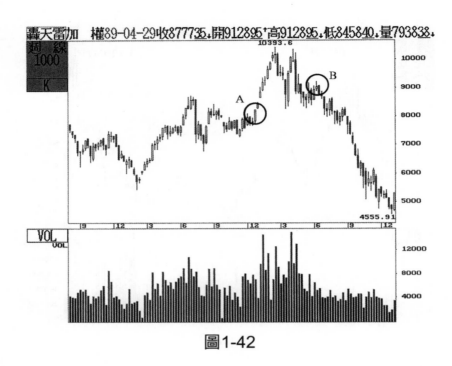

圖1-42

1.再舉一個做空的例子說明。

2.假設某人在A處開始做空指數期貨,之後一路被軋,也不斷補繳保證金、換月及加碼放空。之後在指數到了B處時,終於開始獲利,各位會認為這是一支漂亮的安打嗎?

3.雖說結果比姿式美感重要,但是否考慮及過程中的風險?尤其在理論上的上檔空間是無限大的情況下,更顯見其策略所暴露的風險。

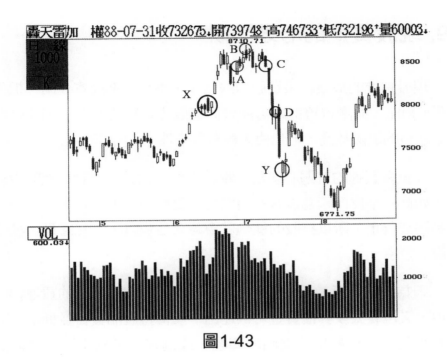

圖1-43

1. 以圖例說明紮實安打與幸運安打的不同。

2. 假設某人的指數期貨空單曾在A處進場，之後在B處停損，這段代表誤判走勢，並接受合理的虧損出場。

3. 接著於C處再一次建立空單，隨後迅速獲利，並假設其回補於D處，獲利500點。

4. 而另一位投資人在X處就開始做空，曾經遭軋空700點並補繳保證金，最後在Y處回補，獲利800點。

5. 雖然後者的獲利較大，但卻只是幸運安打，因為其承受在軋空過程中無法控制的風險。

19. 現股買進的心理陷阱

　　現股買進的最壞結果是股價跌到零，不論買進成本多高，損失都是100％，而融資買進則可能會面臨融資追繳的問題，因此雖然使用融資的風險較高，但也使人較有警覺性。

　　而做多買進的普遍心態是不賺就不賣，尤其是現股買進的投資人，如此一來反而因為沒有資金壓力而更傾向牢抱著虧損部位，一直到解套為止，所以持股的種類就會越來越豐富，當然這是一種不健康的豐富。

　　因為捨不得賣，所以資金被困在套牢的部位，當新的買進標的出現，又沒有太多其他資金可供運用，使得持股品質日益低落。形成套牢的原因可能是買進點的問題，或剛好在走勢趨弱的階段買進，但如果不控制好持股內容及品質，整體部位的混亂景象就會逐漸浮現。

　　事實上不論是指數期貨、選擇權、融資融券或現股買進，都應該以相同的標準控制部位風險，有了良好的停損、停利標準，以相對於潛在的報酬而言，指數期貨和選擇權的風險並不比現股買進大。

　　與其以現股買進後套牢，再說服自己要以股東的心態長期投資，不如盡早結束掉虧損的部位，再將資金運用在其他更有機會的目標上。A股票的虧損，可以以B股票的獲利彌補，一旦B股票的機會好過於A，就是換股的時機。

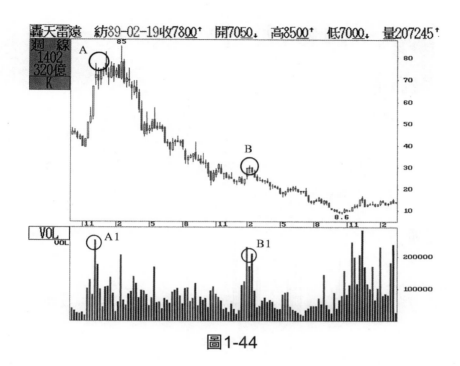

圖1-44

1. 大多數的投資人是因為要賺買賣差價才交易，一旦股價低於買進
   成本，也只有少數人會因為看法的改變而停損賣出。

2. 另一種是抱著長期投資心態的投資人，比較不在意買進的成本
   價，而著重於未來的產業成長性，但也因為比較不重視買進的位
   置，而產生套牢。

3. 不論買進的原因為何，若因套牢而被迫當長期股東，就等於掉入
   了「現股買進不會被斷頭」的心理陷阱。

4. 在A處的買家日後當然有機會解套，但就像是之前所提到過的幸
   運安打。

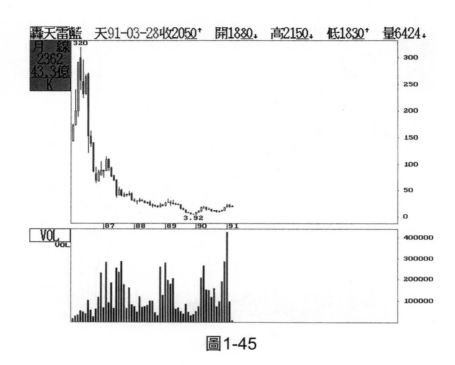

圖1-45

1. 現股買進帶來安適感，即有買賣差價可圖，又可參與配股，還有種種美麗的想像空間。

2. 本圖是為期五年的月線圖，其高低價的落差自然是一個特例，以前發生過，未來也一定還有其他的例子會發生，現股買進並不附贈平安符。

3. 更糟的例子是買到走向下市之路的個股。在股價轉弱時就賣出，就可以避免這種遺憾的發生。

20. 空間與利潤

　　買賣雙方對於商品的價值認定不同，因此在同一個價格上才會有人想買，有人想賣，當買方的力量大過賣方，價格上漲，反之，供給大於需求將導致價格下滑。價值認定的落差越大，價格波動也越大，而隱含其中的潛在獲利空間也越大。

　　試想股價或指數若長期在上下10％的空間震盪，交易的利潤從何而來？就算扮演選擇權賣方的角色，權利金的收益也遠不如大波段走勢所帶來的利潤多，大利潤來自於大行情意即在此。

　　檢視三年以上走勢的K線圖，不論指數或個股，都有數次的多空轉折，然而多數人只傾向做多，因此在不做空的前提下，將失去約50％的獲利機會。從下往上，或上往下，空間就代表著潛在獲利機會，放棄任何一邊都是很可惜的。

　　但長期而言，多頭總是比空頭佔優勢，一檔個股不論從多高的價位開始做空，最大的潛在獲利都是100％（當股價跌到零，也不考慮融券保證金成數），而做多的上檔空間就是以倍數計了。50元買進200元賣出，報酬率400％，200元放空50元回補，報酬率也只有75％。加上融券強制回補等限制，做多的確有著較多的優勢，但是在期貨市場中多空的機會就幾乎是一樣的了。沒有永遠的多頭，也沒有永遠的空頭，我們應該要做的只有順勢的那一頭。

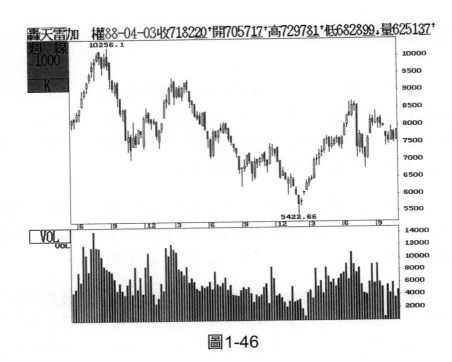

圖1-46

1.台灣股市週轉率高，波動幅度也大，從這點來看是屬於比較投機
　的市場，而相對的獲利機會也多。

2.這種市場特性尤其適合投機交易，而不像震盪幅度小的市場沒有
　太多的差價空間。雖然景氣循環及資金狀況主導著市場長期走
　勢，但投資人的特性才是形成市場特性的主要原因。

3.圖中的每一個轉折，都是機會所在，多空皆然。

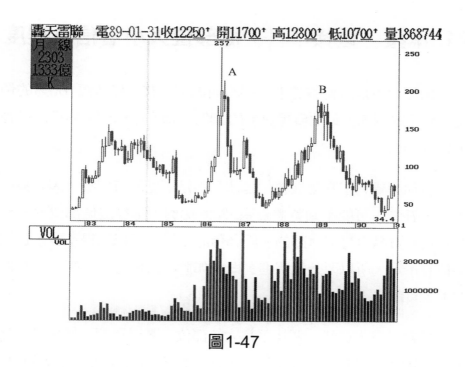

圖1-47

1.本圖為除權後的月線還原圖。

2.能找到值得長期投資的股票當然是好事，但如果買進後就像鎖在
保險櫃裡不動，也等於是無條件接受未來可能的產業或市場風
險，也放棄了可以更有效運用資金的權利。

3.在多頭市場中，每一個階段都有最強勢的個股，謹慎地移轉資金
在這些目標上，而不是盲目的短線交易、換股。

4.除此之外，明顯的空頭趨勢開始時，是沒有任何理由持有股票
的，最遲也應該要在A、B峰位出現後的三個月內賣出持股。明顯
就是要下跌的股票，不怕賣了之後買不回來。

21. 承接、低接？──從部位大小看信心程度

部位大小是影響整體獲利率的關鍵。持有一檔漲幅100％的個股，如果這個部位只佔整體資金的10％，那麼整個資金帳戶的成長也只有10％。

當你發覺有了交易機會，但卻又不是那麼的有把握，因此只小買三、五張，可能不到整體資金5％的比例，那麼這個部位對於整體獲利的貢獻也是很有限的。因為信心不足，所以買得不多，也因為信心不足，所以要分批買進，既然如此，又何必要買呢？就算做對了，貢獻也不大。

通常投資人會建一個比平常大的部位，甚至單押一檔個股，都是因為聽到所謂的「內線消息」，很少是因為自己判斷而下的決策，而且也幾乎都是一次買完，不太會分批買進，甚至隔天就用市價一次買滿，事後的盈虧是一回事，但就交易心理來看，信心程度是很重要的一項心理特質。

相反的，我們常聽到「低接」、「承接」或「佈局」等等字眼，但這些用詞卻反映出潛意識裡的信心不足。因為你認為價格會拉回，所以會以「接」與「承」來表示，表示不急著買，但如果你真的看好，擔心買不到都來不及了，還需要分價位、分時間買嗎？

此外，持股信心不足也將影響持股的時間長短，如果原來就不是很有把握，進場兩三天後價格還在成本區震盪，很可能再不久

就會想賣掉出場了。一來買得不多，二來抱得不久，那又何必做白工呢？這是交易心理中比較難克服的人性之一。

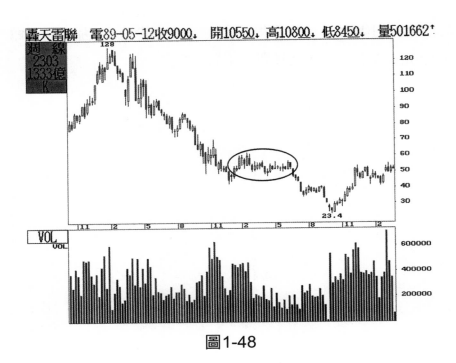

圖1-48

1. 圓圈處的震盪時間約半年，並且發生在股價自高檔下跌約60％之後，因此當時的區間走勢很容易會吸引一些「低接」的買盤進場。

2. 而「低接」是到了多低才開始接呢？策略在哪裡？如果「接」完了又繼續下跌呢？

3. 買進就是為了上漲獲利，而不是買來套牢的。本例圓圈處中的買盤事後雖然解套，但這些買盤如果知道在買進後還要再下跌50％到低點23.4元，有誰還會在當時就開始「低接」、「承接」？

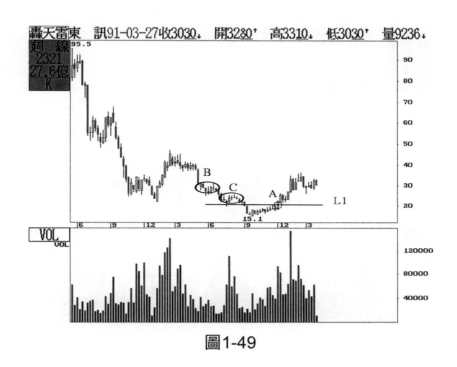

圖1-49

1. B、C兩處分別歷經約兩個月的震盪走勢，同樣的，會吸引一些認為已經跌深，而可以進場「佈局」、「承接」的買盤進場。

2. 但B、C兩處在週線上都沒有任何轉強的形態出現，雖然買進價格比之前都要低，但並不代表有立即上漲的潛能。

3. 比較明確的買進訊號出現在A處，當時價格向上穿越密集區的最上緣L1，代表多頭力量漸增，此時才是有意義的買進時機。

4. 最佳的交易通常都是一進場就開始獲利，而非套牢過後才開始解套獲利。

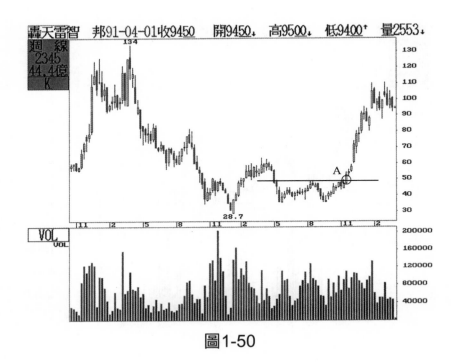

圖1-50

1. 好的進場機會幾乎都是靠直覺而來，但直覺當然是建立在良好的實戰基礎上。就像是考慮再三才決定買的衣服，以後穿得次數一定不多，而選擇題對的答案通常也是第一次就選的，改過的新答案通常都是錯的。

2. 好的進場點由直覺而來後，你只會想一次建滿部位，一旦想要用「承接」的方法進場，該筆交易的虧損機率大增。

3. 90年由3411低點開始的上漲過程中，該股在A處突破後，其形態是電子股中最完整的，而且漲幅尚未拉開，是絕佳的做多標的。如果想要「承接」，可能最後還是要改市價買進吧？

22. 四種建立部位的方法

一次買進

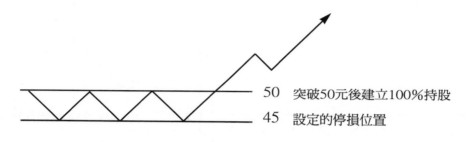

50　突破50元後建立100%持股
45　設定的停損位置

圖1-51

　　方式：在符合所設定的進場條件後，一次就建立100%的持股比例。

　　可能的結果：若股價往預期的方向前進，則繼續持有原來的部位，一直到出場訊號出現為止。而若股價穿越了所設定的停損位置，代表之前的看法已經被證明是錯的了，必須停損出場。

　　優點：如果對走勢的判斷正確，則持股的買進成本較低，一旦價格拉開後，因為低成本，也會增加持有部位的信心，容易賺到長波段的利潤，並且不需要再考慮是否加碼的問題。

　　缺點：若誤判行情停損出場，則是由所有100%的資金一起承擔損失，會帶來較大資金規模的傷害，以本例而言就是10%的虧損。

獲利不加碼

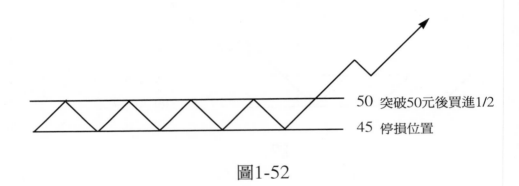

圖1-52

方式：在出現訊號後第一次買進，但只建立50%的部位規模，其餘50%等到當價格接近停損位置時再買進。

可能的結果：如果在兩次買進後股價跌破了停損價，就一次賣出結束虧損的部位。反之，不論只建立50%或100%的部位，則持有至出現賣出訊號為止。

優點：第二次的買進能降低持股成本，若執行停損，則整體資金的損失較小。

缺點：若股價在建立部位後就一路上漲，就只能做到50%的部位。風險減半，潛在獲利也減少。在兩次買進後才開始大漲，是這種做法的最佳結果。

獲利加碼

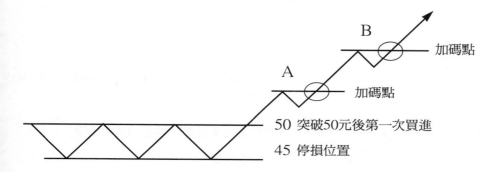

圖1-53

　　方式：在第一次進場只建立30％～40％不等的部位，尚未獲利前不加碼，只在獲利之後才沿路加碼，如圖中的A、B兩點。

　　可能的結果：若跌破停損位置，則帶著小部位的虧損出場。反之，沿路依等比例，或遞減的比例（金字塔型）加滿部位，直至賣出訊號出現為止。

　　優點：以很小的資金比例開始建立部位，因為在沒有獲利前不加碼，因此整體資金的風險不大。

　　缺點：隨著股價上漲逐步加碼後，使得買進成本也逐漸墊高，而部位能承受的回檔幅度也變小。或許，你還會後悔為什麼當初不一次買滿，但這是承擔較小初始風險的必然結果。

倒金字塔型

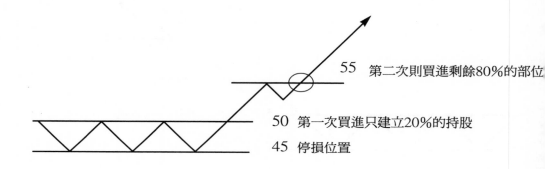

55　第二次則買進剩餘80%的部位

50　第一次買進只建立20%的持股

45　停損位置

圖1-54

方式：第一次買進只建立約20%的小部位，未獲利前不加碼，並且在獲利後的下一次轉強點出現時，建滿所有的部位。

可能的結果：若誤判走勢而停損，損失很小。或在建滿100%的部位後，因為些微的回檔而失去原有的全部獲利。

優點：初始部位的風險較小。而第二次買進後若走勢如預期般上漲，則是以100%的資金開始獲利。

缺點：以本例而言，初始成本為50元，而在55元再以買進之後的平均成本將提升至54元。

$$50 \times 20\% + 55 \times 80\% = 54$$

意既在55元買滿後，只要股價回檔到了54元就會失去之前的獲利。

四種方法的比較：

倒金字塔型的加碼方式比較不容易被認同，因為成本墊高後，很容易就會因為些微的價格波動而完全失去即有的獲利。但也因為初始的利潤是由一小部份的資金所創造，不論獲利率多高，其對於整體報酬的貢獻也不大。而藉由初始的利潤當做賭本以換取更大的報酬，是這種策略的最大價值所在。也就是在走勢經過第二次的確認後，以不影響原有資金安全的方式加碼。

而會一次就建立100％持股的背景，必然是對於該筆交易有很大的信心。而這種心理現象，也可做為篩選交易機會的檢驗指標。如果不是一開始就認為是很好的交易機會，那麼是否應該放棄這次不明確的進場訊號？而持續使用一次買進的策略也必然會帶來較大的資本波動。

相較於這兩種積極的交易策略，獲利加碼和獲利不加碼的策略都顯得保守，但這四種策略並沒有絕對的好與壞，對或錯，因為風險和潛在的報酬是對等的。有人覺得獲利後再加碼不自在，也有人覺得一次就全部買滿的風險太大，策略的使用各有不同，重點在於當你使用某種策略時，是否感到壓力？只要你覺得自在，就是符合你交易個性的方法，也就是你的方法。

這四種方法中，只有獲利不加碼（圖1-52）的策略是在部位虧損後還持續買進，但也只分為兩次買進，第二次買進時對於走勢看法並沒有改變，這點和之前提及的一路「低接」、「承接」並不相同。

23. 假設所有的可能性
──用計劃渡假的心態擬定交易計劃

　　幾乎所有人都會仔細地安排渡假行程。但換成是買賣股票，就算自己做過了功課，通常也都是買了就算，很少會再擬定事後的策略。但不論做多做空，一開始的進場只佔一筆交易的1／2，後續不論部位獲利或虧損，出場的重要性並不低於進場，只是多數人都忽略了。

　　建立部位前心中必定要預設停損價位，預想最壞的結果，而獲利目標則不需要設定，市場走勢自然會告訴你何時應該出場（多單跌破所對應的支撐、空單突破反壓），這只是所有交易過程中的第一步。

　　在建立部位後，最容易執行的決策就是停損，當走勢明確的告訴你之前的假設錯了時，永遠不要猶豫，停損後會讓你有更客觀的心態選擇下一次的交易機會。

　　反而是在開始獲利後，才會面臨比較多的策略選擇，像是停利點如何再設定？哪一種狀況出現時可以先部份了結？部份了結後哪一種訊號出現要立即再進場？進場的比例如何？或者是什麼樣的狀況可以直接再加碼？加碼比例如何？要直接以期貨建立部位或搭配選擇權操作？選擇權中該履約價的流通性如何？

　　每天盤前預想各種可能的狀況，並擬定應對的策略，是能夠持續穩定獲利的必要條件。

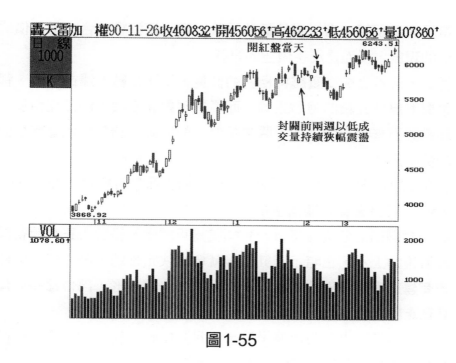

圖1-55

1.舉91年2／18開紅盤前的交易計劃說明。

2.當時市場心態普遍樂觀，多數人認為開紅盤後指數將大漲，但量價在封關前卻透露出些許的疲態。

3.封關前一日依市場的樂觀心態買進當時履約價為6200點的溢價買權（Buy call）。因為量價本身不利於多頭，不適於直接做多期貨，因此投機權利金極低的溢價買權（當時只剩3個交易日到期），若指數大漲，不論到期價內結算或直接賣出選擇權都能夠獲利，而若指數下跌，則損失的權利金有限。

4.而2／18開盤後若如市場預期般大漲，並且現貨成交量能夠擴增，在期指逆價差的情況下可再做多指數期貨，此時的風險在於

單日大量反轉。若大量反轉的訊號出現，正好會吻合之前量價瑕疵的現象，反而是反手做空的訊號。

5. 反之，若現貨成交量維持相對的低量，不論指數上漲或下跌，都是買盤無法延續的強烈訊號，而這個現象和多數人的預期相反，該轉強而未能走強，加上原本量價上的瑕疵，豬羊變色直接拉回的機率大增。

6. 第5項的情況出現時，不僅要立即賣出原有的買進買權（Buy call），並且要建立期指空單。

7. 2／6封關前的低成交量以及狹幅震盪可解讀為多數人正在等待開紅盤後的上漲，也暗示開紅盤後就會有決定性的走勢出現，因此會有建立多空頭部位的假設，一旦其中一邊成形，部位都將會建立在走勢的起漲或起跌點。

8. 以上即為當時走勢及策略推演，也是其中較為複雜的一次。事前想得越清楚，就越能避免交易情緒所帶來的錯誤決策。

24. 賽馬與基本分析

股價高低的變化，由所有投資人的買賣行為所決定，當買方力量大於賣方的力量，價格上漲，而賣盤多於買盤，則當天的價格下跌。而促使買盤進場的原因很多，常見的說法是因為該股的基本面好，產業前景佳，因此吸引買盤的進場。這個論點當然是對的，但不夠全面，原因如下：

1.股價的上漲並非一定由基本面主導，若個股基本面很好，但大盤背景不佳，股價未必會上漲。

2.基本面不好的個股，一樣可以藉由炒作、軋空等等因素上漲，重點在於要有人買，股價才會漲，股價本身並不會因為基本面好而自動上漲。

因此「市場分析」會比基本分析更適用於股市，因為市場分析已經涵蓋了所有影響價格漲跌的因子。圖形不會告訴你誰在買進，或是為什麼有人要買進，但重點是有人「正在」買進或賣出、多空孰強孰弱的訊號，都會顯現在量價與形態上。

在你買進後，還要有更強的買盤持續買進，才能推升價格使你獲利，因此你獲利與否是由其他人對於市場的看法而定，關鍵在於「人的想法」，而非單純的基本面，因此市場分析是較適用於股市的。

而賽馬的勝負，決定在於騎師和馬匹的背景，像是當天的體能狀況、馬匹的血統，過去的比賽紀錄，甚至當天的氣候及場地狀況

等等，這些都稱做基本分析。起跑之後（相當於買進股票後），其他下注賭客的想法並不會影響比賽的結果。

因為起跑後已經沒有可以影響結果的其他因子存在，所以需要基本分析。也因為要觀察其他人的買進賣出動作，所以股市較適用於市場分析。

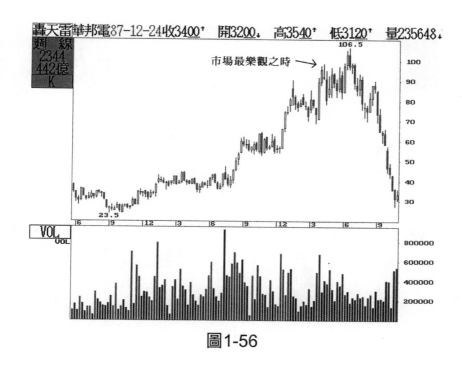

圖1-56

1. 市場分析的重要性大於傳統基本分析，圖1-56及1-57可為最佳例證。

2. 89年該股在80元以上時，全市場幾乎全面看好其基本面，此時若依循基本分析而買進，都是買在高檔區，之後股價開始修正，也因為看好基本面反而可能一路「承接」，錯得更多。

3. 而市場分析強調觀察其他參與者的動作，當股價走勢不利於你時，更不會受看好基本面的心理牽制，妨礙了停損的執行。

4. 兩者的差別在於基本分析是主觀的認定，而市場分析是客觀的觀察已發生的事實。

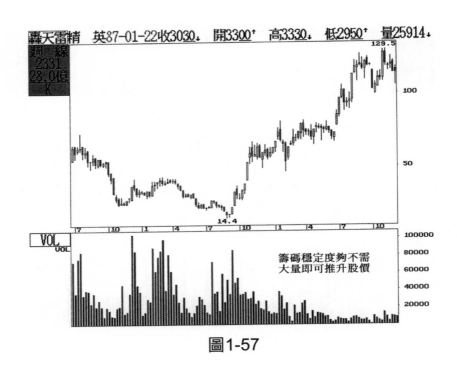

圖1-57

1.該股在尚未跌至最低點前，就有許多利空消息在市場上流傳。

2.以基本分析切入，更會認為其股價高於「合理」價值，甚至因此認為可以做空賺取差價。

3.做空要能獲利需要有更多的賣盤把價格摜低，但當時股價的反應並非如此，市場分析能輕易觀察到這一點。

4.事前以各種數據演算出來的基本分析結論，並無法計算後續其他市場參與者的買賣行為。

25. 長、短天期走勢圖的視覺差異

圖1-58

1.若只觀察短天期的K線變化，甚至只看小時線的走勢，都會陷入危險的狀態中，因為你不知道你所處在的位置。

2.看似底部，實則在長期漲勢的末端，看似頭部，卻是在價格起漲的階段。

3.本圖並無法告訴你任何訊息，你不知道當時累積了多少漲幅、跌幅，這些的K線只是無意義的排列。

4.在圖1-59退回長天期的走勢圖後就會有截然不同的視覺作用了。

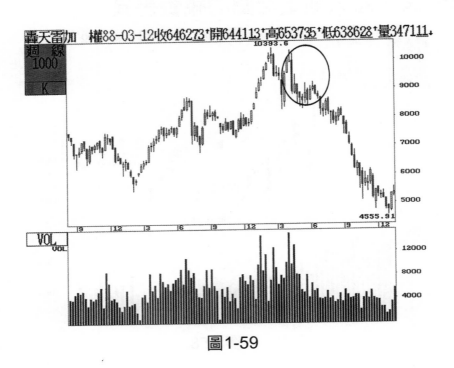

圖1-59

1. 本圖中的圓圈處即為圖1-58的日K線排列。

2. 這張圖告訴了你目前的位置是在自低點起漲以來將近一倍的地方，並且是出現在兩個大量群所形成的峰位之後。

3. 此時做多不會有太大的空間，勝率也小。這些都是圖形的價值所在，由此推測趨勢，而不是用來預測高低點。

4. 運用月、週、日、小時線的排列，了解長、中、短期的變化及相互關係，就可以避免見樹不見林的交易盲點。

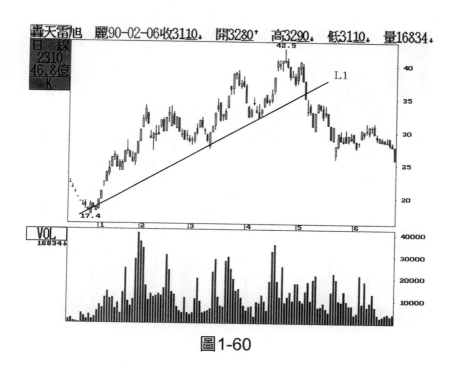

圖1-60

1.本圖是為期6個月的日線圖。

2.在跌破了起漲以來的上升趨勢線後，走勢轉弱是可以預見的，至少是現階段不宜做多該股的訊號。

3.但破線後是否可以在適當的點位進場做空，光以這張圖並無法提供足夠的線索。就好比我們只知道它過去四個半月（起漲至破線）的歷史，無從得知整個價格波動的經過，也就不會知道股價所處的相對高低位置。

4.當無法辨識真正的趨勢時，退回週、月線就能一目了然。

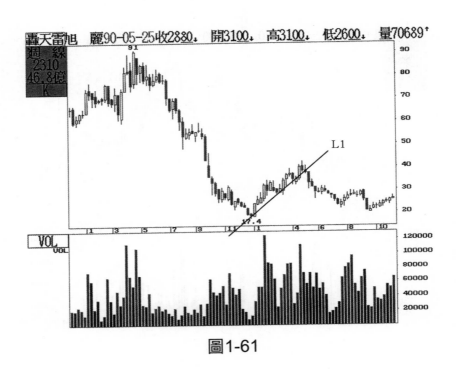

圖1-61

1. 本圖是為期兩年的週線圖，L1同為圖1-60中的L1。

2. 本波自低點17.4元的上漲，是發生在股價自高點下跌約80％之後，已跌深的個股，除非再出現重大利空或大環境不佳，否則再重跌的機率不大。相對的，越是在跌深後進場的空單，風險也越大。

3. 因此該股的破線形態並不符合最佳的空單條件，在嚴格的篩選條件下也失去了潛在約50％的利潤，但至少不會因為做多而虧損，這就是圖形的價值所在。

26. 進場點與獲利率

交易新手在進場買進時，通常只會想到在買進之後，股價會漲到多少，充滿期待滿懷希望。進階之後，會開始設定停損點，但未必會執行。而只有少數的投資人，會在進場前考慮股價所處的位置，並評估潛在風險與潛在報酬的相對關係。

股價在末升段時，市場氣氛最為狂熱，許多原本等著要拉回買進的買盤，受到市場氣氛的影響，加上高價股一天漲停就是幾十塊錢的數字錯覺影響（每檔個股的漲停都是7％），紛紛改用市價追買，因此造就出末升段的噴出走勢。

但是在漲幅已經大幅拉開後才進場，除了潛在風險增加外，相對潛在報酬的百分比也越來越小，況且追買的持股成本高，稍有震盪就會動搖持股信心，稍有獲利也會急著想賣出，於是很小的獲利是建築在很大的風險之上。

做空的情況亦然，追空已經跌深的個股，除了潛在獲利空間變小外，所面臨股價反彈的風險也隨之增加，這類缺乏進場優勢的交易，最容易受市場氣氛影響而臨時起義建立部位，這點需要以強大的自制力與之對抗。

若一檔個股由10元起漲到高點100元，10元買進成本的獲利為1000％，50元才買進獲利只剩下100％，若是80元的買進成本，獲利就只有25％了。成本10、50、80看似相差有限，但獲利率1000％、100％及25％的差別可就大了，況且相對的潛在風險也不相同。由此可見進場相對高低位置的重要性。

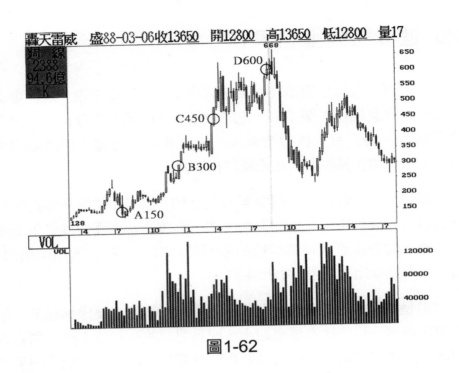

圖1-62

1. 以A、B、C三點圖示說明不同進場點所帶來的巨大差異（本圖為除權還原圖）。

2. A點至D點的獲利為400％，

　B點至D點的獲利只剩下100％，

　C點至D點的獲利更只有33.3％，

　而且股價越往上，所面對的拉回風險也越高，以較大的風險換取較小的利潤，絕對是危險的交易方法。

3. 在漲幅已經拉開後，放棄後續的潛在獲利空間，並尋找其他低檔的機會，是比較穩健的作法。

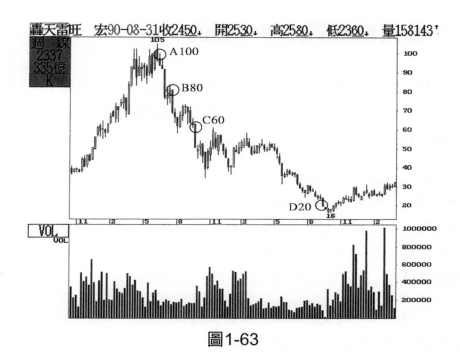

圖1-63

1. 空單進場點對於獲利率的影響不若多單來得大，假設股價最終跌
   到0元，也不考慮融券成數的問題，則任何價位的空單進場成
   本，獲利率都是100%（60→0，20→0都是100%的跌幅）。

2. 但實務上的空單都會在某一個位置回補，舉例在圖中的D點20元
   回補，則：
   在A處進場的空單獲利為80%，
   在B處進場的空單獲利為75%，
   在C處進場的空單獲利為66.6%。

3. 不同進場點的獲利率相差有限，而差別在於進場時的位置高低會
   有不同的上檔風險。跌幅累計越大，空單的風險也越高。

27. 你只能賺到你賺得到的

每一檔個股的股性各有不同，每個人的操作方法也都不同。有的人交易某些個股總是不順手，這是因為這些個股的走勢特性和你的操作方法不合所致。

之前提過要把握走勢中30%的非隨機部份，當一檔個股隨機走勢的時間比重越高，就越難交易。除此之外，小成交量的個股也容易因為人為因素而出現非隨機走勢，但這種非隨機走勢通常會為你帶來虧損，因為你的角色是對戰中弱勢的一方，即無籌碼又無法利用新聞訊息，能夠從中獲利的機率比一般個股更小。

一般而言，成交量越大、參與人越多的個股，因為比較不容易被控制走勢，因此一般投資人的勝率也會越高。和大盤指數相較，個別股的走勢也顯得比較隨機，一付就是要漲的形態，可能拖上一個月漲勢才真正發動，甚至起漲前還反向先下跌個10%以上。或者是頭部形態完成即將下跌的個股，下跌前還反向拉個兩根漲停才開始起跌。相形之下大盤指數就直接得多了。

此外不論指數期貨或個股，要做完整個獲利波段也是可遇而不可求，太緊密的停損會使你提早出場，而太寬鬆的停損則可能回吐一大部份的獲利，這些都是實際交易中必然面對的問題。諷刺的是，多數人在虧損的部位中都能抱完整個波段，但這卻是最應該避免的。

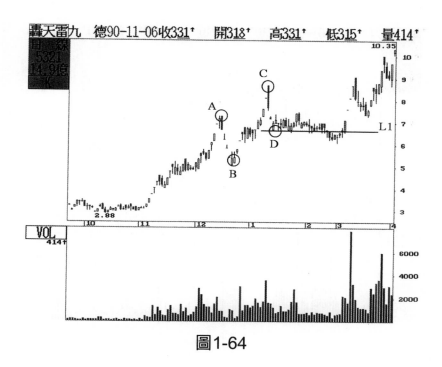

圖1-64

1. 該股的這段走勢並不代表其一貫的股性，只是這段過程中出現較多的不規則走勢，帶來較多的交易雜訊，因此以此為範例。

2. 第一段攻擊走勢出現高點A，之後快速拉回至低點B。到了B處時很難想像到會在一個月內，再大漲近80％至高點C，在C處時，三天之內又出現20％的拉回。

3. 試想實際持有部位的情景，這種波動很難能夠從中獲取利潤。

4. 隨後跌破L1時出現了一次假跌破，更顯當時走勢的隨機與操作的難度。

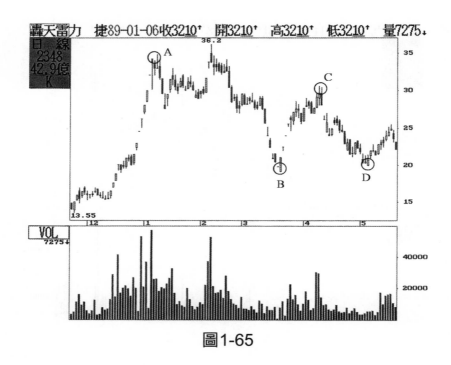

圖1-65

1. 每個人的操作方法各有不同，但不論使用哪一種分析工具，股價
   走勢越有脈絡可尋，則獲利機率越大，而過於隨機或是有特定人
   士操縱的走勢，都不容易從中獲利。

2. 以本圖為例，在高點A出現後，稍事整理再創新高36.2元，但隨
   即急速拉回至低點B接近原來起漲的位置，之後單日反轉再上漲
   60%出現另一高點C，然後再迅速回跌至D點。整個過程在短短
   五個月內完成。

3. 這類走勢的起漲起跌模式都不容易辨識，以交易的角度而言應該
   尋找其他較佳的機會，就像本節的標題一樣。

28. 請愛用市價

當你準備要下的股票張數、期貨口數不致於影響盤面報價太大時，市價單絕對是最好的委託指令。並且可以由是否要以市價進場，判斷進場後持有部位的信心。

如果想要以低買、高空的方式進場，大多是因為建立部位的信心不夠強烈，因此要爭取較佳的進場成本，而如果不是這麼有把握，那麼為何進場？即使獲利必然也會急著獲利了結，實質獲利有限。而市價進場表示心態上是以建立部位為首要考慮，價格其次，也代表對於判斷的強烈信心，持有部位的信心夠強，才能賺取波段的利潤。

影響每一次交易獲利與否的關鍵，永遠是多空的判斷而不是成本價的問題。如果能上漲50元，買進價多個五毛、一塊根本不是問題，那麼如果你一開始就判斷錯了，即使買在當天的最低點又如何？套牢50元或49元的差別何在？要重視對於根本走勢的多空判斷，而不是計較進場成本。

最壞的情況是為了要爭取好價，因此低掛買單高掛賣單，結果一直無法成交，之後沒買到的股票猛漲，沒空到的股票一路跌，該得的利潤未得，感覺會比執行停損的真正損失還令人沮喪。

事實上，越在意進出場價的人，也最容易買在高點賣在低點。高時還想賣更高，於是改價，低時想要買得更低，也改價，改價沒

成交後還是要追價，形成短線上的追高殺低。關於這些，市價單會
解決你所有的問題。

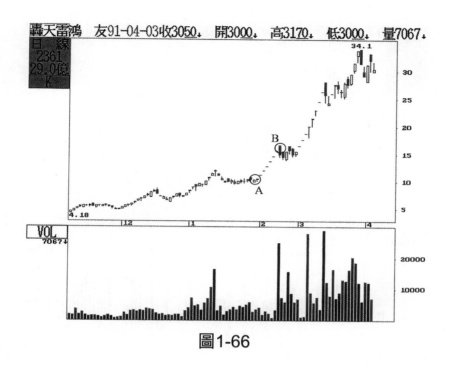

圖1-66

1. 舉一段漲勢陡峭的實例說明市價單的優點。

2. 假設你在A處時即看多該股，並希望能以較低的價格買進，因此低掛買單等待，但可能因為低掛而未能成交，失去了第一段A→B的獲利機會。

3. B處出現長黑，因此你希望在出現明顯回檔時買進，但再一次的事與願違。

4. 建立你想要的部位重要？還是執著於成本價重要？答案昭然若揭。

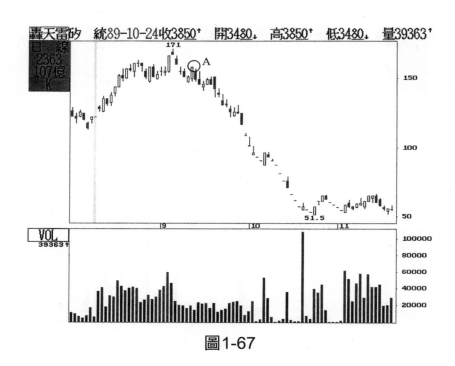

圖1-67

1. 再舉一段下跌快速的走勢為例（本圖為除權後的還權圖）。
2. 假設你在A處時就看空該股，並計劃在出現反彈時放空（或持有多單想賣出），但反彈並未出現，使得高掛的賣單無法成交，隨後立即出現60％以上的跌幅。
3. 判斷正確卻未能實際獲利，是最不值得的事。
4. 成交價好壞只是交易過程中的小環節，建立部位才是目的所在。

29. 活得越久，領得越多？

　　把標題的意思轉換到股市分析上，要解釋成「分析工具、統計報告越多，獲利越多」？

　　現今的投資環境中，我們有許多的管道可以獲得各種最新訊息，不論基本分析，財務報告、技術分析等等。人們總想把所有的資訊都消化掉，為了求決策的正確，付出相當多的時間分析這些資訊。在這個過程中，也因為吸收太多的訊息，反而有可能因為資訊本身的相互衝突，而演變成分析的錯亂。看了一堆的報告，也算了一堆的數據，K線圖一劃再劃，卻還做不出交易決策。

　　資訊的過濾是讓你避免陷入分析癱瘓的第一步，一些不知所云的垃圾資訊原本就不需要花時間研究。或是過份瑣碎的資料，可能你花了你所有研究時間的90％，卻只能給你不到10％的回饋，而且，最後的結果還未必是對的。研究的精神固然可取，但為了最後5％的完美，付出95％的時間是否符合整體效益？就好比為了提升10％的汽車馬力，要花多一倍的鈔票，似乎是不符合經濟效益的。

　　年成長率16.3％和16.8％的差異何在？買進成本價94和94.5的差異又何在？只要決策的大方向是對的，細微的數字差別根本就不重要，而若本身的看法已經是錯的了，那麼把每項數據計算到小數點後五位又如何？它還是錯的。

　　總而言之，投入資料研究、分析的時間越多，不表示獲利就會越多，選擇對的分析方式才是重點。就像印刷精美的研究報告不一

定代表分析精確，長篇大論也不一定表示言之有物。切勿讓自己掉
入分析癱瘓的陷阱。

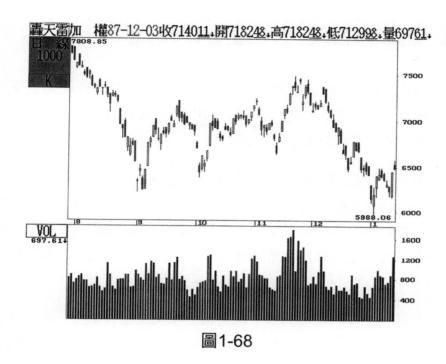

圖1-68

1. 這是一張沒有劃任何支撐、壓力及趨勢線的K線圖。請讀者開始想像你所見過最複雜的技術分析，這些的分析工具會在走勢圖中產生什麼樣的視覺效果。

2. 各種分析工具都有其理論基礎，但若過於偏重預測，就容易忽略眼前的事實而陷入為了預測而預測的陷阱。支撐、壓力及趨勢線就已經足夠做為多空的判斷。

3. 接著請讀者再聯想有一本厚30頁燙金封面的產業報告，裡頭引用各種數據、模型做了許多假設。但卻不見真正有意義的結論，閱讀價值是零分。

4. 呼應本節的題目，意既花得時間越多，不見得績效越好。

30. 賭注與風險──避免1%的意外

勝率不高的交易機會寧可放棄,而高勝率的機會則必須下大注,建立比平常更大的部位規模,利用好的機會創造更大的潛在獲利,這點和玩梭哈的策略是一樣的。

但下大注的同時必須留意相對的心理陷阱。在梭哈的牌局中,會在一把牌中大輸的情況,都是在本身拿到好牌型的時候,因為你有好的牌型,所以你的勝率高,也會因此加碼提高賭注,而如果牌型很差,幾乎是不會在這把牌裡下大注的,因此會輸掉的籌碼也不多。

交易也一樣的心理狀態。你對某一筆交易越有把握,你會買得越多,或空得越多,這點是完全正確的,但問題會出在你也會因此而更不願意在誤判走勢時停損出場。大的部位理應要設定更緊密的停損點,以保護整體資金的安全,但多數人反而會因為已經加大了部位而更難認賠停損。

不論你做的分析結論多麼的篤定,不論K線圖的形態多麼完美,總會讓你碰上看錯行情的時候,而如果在一筆交易中賠掉了大部份的資本,日後要回本就更困難(損失50%需要100%的獲利才能回到原來的資金規模),失去了交易資本也等於失去了交易機會。

就像麥特戴蒙(Matt Damon)在電影賭王之王(Rounders)裡剛開始的一場牌局一樣,因為拿了一手自認必勝的牌而輸給了俄

國佬全部的賭注。有一點不同的是，交易在停損後還可以拿回部份
的資本，讓你隨時再進場下注。

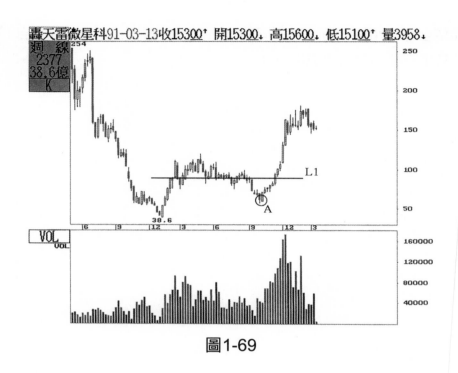

圖1-69

1. 舉90年第四季，該股由弱轉強的過程，說明為何永遠要留意即使只是1%的風險。

2. 在週線跌破L1後，代表震盪約6個月的整理形態失守，而股價也隨之修正到了低點A。

3. 此時對應跌破前的整理時間及成交量，A點幾乎不可能是波段的低點，反彈過後應該還是會繼續下探，但股價不但止跌，反而再創新高。

4. 接著再從日線圖觀察。

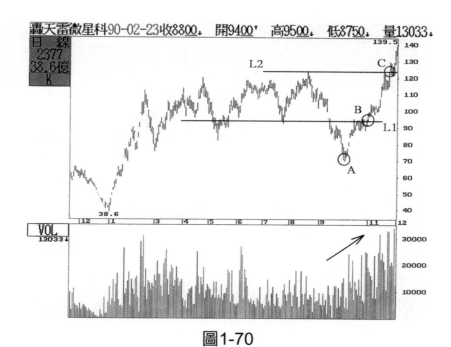

圖1-70

1. 此為除權後的還原圖，L1同為週線中的L1。
2. 日線中的頭部形態也一樣完整，但在低點A出現後，空頭在買盤的強力推升下，輸了這場戰役。
3. 看似還要再賺一波的空單，大部份都帶著虧損出場。但若以客觀的心態面對走勢，在B處股價重新站回L1後就至少應該先行退出。
4. 而真正客觀的做法，會視之前修正至A處的走勢為假跌破，反而會在C處進場做多。
5. 越沒有「一定」的主觀想法，越能游刃於多空之間。

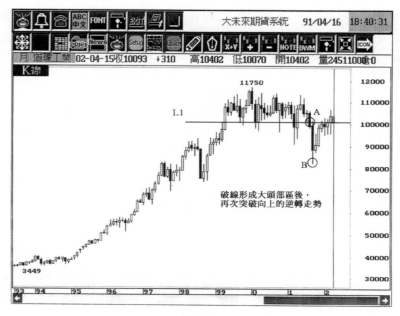

圖1-71

1.此為美國道瓊工業指數由1993年至2002年4月中旬的月線圖。

2.L1之上的震盪歷時約兩年半,而在A處跌破L1後,明確的頭部形態成立。

3.這是技術分析中至為明顯的跌破訊號,在經過長時間的上漲,震盪後跌破頸線支撐。但其在出現接近8000點的低點B之後,隨即反轉向上並重回L1之上,這個結果讓許多順勢操作的空單不斷停損出場。

4.任何再確立的形態或交易訊號,都應該提防即使是1%的逆轉機會。

31. 打平出場不是重點

停損的觀念已經逐漸被認同，但當真正面臨必須停損的一刻，多數人還是猶豫再三，而猶豫通常就是惡夢的開始。

因為記得成本價，所以有心理障礙，停損認賠等於是承認自己判斷錯誤，而猶豫時的最大誘惑就是希望價格能回到自己的成本價之上（做多時）。從這時起，你已經被市場牽著走了，進出場失去了節奏，1.而你只是希望回到成本價打平出場而已，2.從主動變成被動。

舉例買進成本在100元，目前市價95元，你知道走勢已經反轉必須賣出持股，而如果期望打平才出場但股價卻持續重挫，後果可想而知。很可能因為這個部位的虧損，而將之前累積的獲利全部虧光，市場上多得是賺十次不夠一次賠的例子。

若所有交易資本分散在A.B.C三個部位中，那麼A部位的虧損可以由B.C兩個部位的獲利彌補，整體資金仍是獲利。就算所有100%的資金都重押在唯一的A部位中，這次的虧損也可以由下一次的交易彌補，重點在於整體資金的安全與獲利，而非單一筆交易的盈虧。要跳脫出這種執迷於成本價的心理陷阱，才能以大格局管理整個部位。

上述觀念多數的投資人本來就知道，但每天一開盤大家還是用老習慣做交易，人性始終是最難克服的一點。能夠去做「應該做的事」而不是「想要做的事」，交易成功的機率就會提高不少。

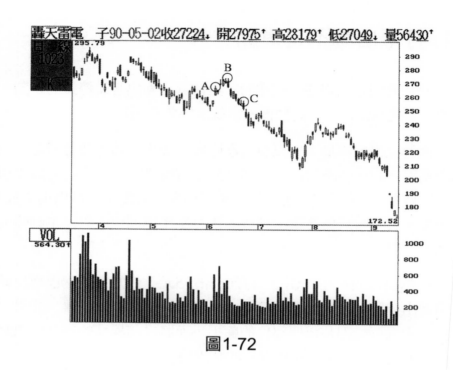

圖1-72

1.舉1-72、1-73兩張圖說明「回本就賣」以及「回本就補」觀念所帶來的傷害。

2.圖1-72中，假設買進成本在A，之後出現最高點B，接著指數一路下滑，回到成本價附近時，多數人會希望再回到B點，好讓原有的獲利實現。

3.但走勢卻進一步下跌，等到JC點演變成虧損後，你又希望能夠回到A點好讓你打平出場，而無視於趨勢轉弱的事實。

4.只用成本價的角度思考而忽略客觀的事實，虧損是必然不是偶然。

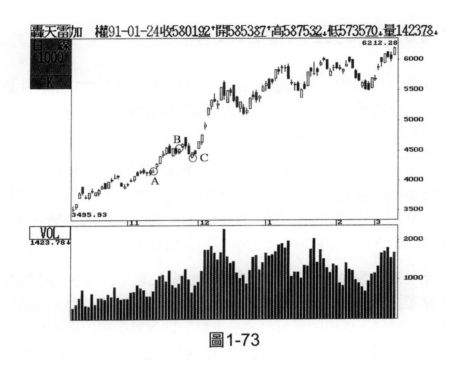

圖1-73

1. 假設空單在A點進場，之後指數一路走高至B點，此時因為希望能提高賣出的成本，因此於B點再以等比例加碼做空。
2. 如此一來空單的平均成本提高，因此更容易打平出場，但風險也同步增加一倍。
3. 之後指數曾拉回至C點，就差那麼一點就能打平出場，然而多數人不願就此認賠回補。
4. 也同樣執著於成本價，造成不必要的多餘損失。

32. 趨勢線的正確劃法及運用

不論上升趨勢線或下降壓力線，都具有檢測趨勢的功能。由兩個以上的回檔低點連接而成的直線即為上升趨勢線，而由兩個以上的反彈高點連接而成的直線即為下降壓力線。

當價格維持在上升趨勢線之上時，代表走勢的慣性持續向上，買盤必須持續進場推升，才能將價格維持在這條向右上方延伸的直線上，反之，只要價格維持在下降壓力線之下，向下的走勢慣性不變，直到買盤突破這條向右下方延伸的直線為止。

至於劃線點位的選擇，筆者傾向取高低點當日的收盤價為基準，原因在於收盤價比較能夠反應市場參與者的真實感受，而若取較非理性狀態下形成的當日最高最低點，則趨勢線可能會失真，但這只是使用習慣上的問題，事實上這兩種趨勢線的劃法並不會帶來太大的差異。

而趨勢線也並不是突破或跌破個十點二十點就會改變趨勢，趨勢線的價值在於檢視慣性是否改變，比較偏向分析過程中「觀察」的部份，而非數字的統計。

這點和支撐、壓力的觀念類似，支撐和壓力所指的是一個特定區間，而不是某一個特定點位。

此外，趨勢線所延伸的時間越長，突破或跌破後所帶來的影響也越大，反之延伸的時間越短，突破或跌破的意義也越小。

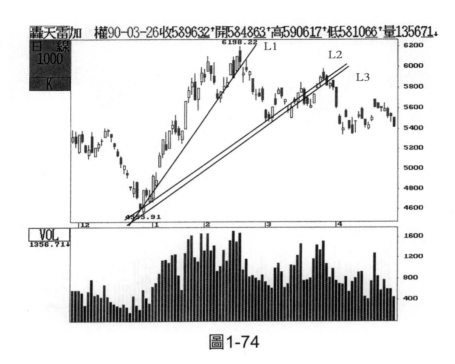

圖1-74

1. 筆者傾向取收盤價劃趨勢線，如L1及L2，而L3則是取當日最低價所劃的趨勢線。
2. 事實上L2與L3的差異不大，而判斷多空是否轉向，除趨勢線的觀察外，尚需參考其他如量價等等的相互關係。
3. 趨勢線的支撐和壓力應以某一個區間看待，而非某一個價格數字，因此L2與L3之間的寬度即可視為支撐區所在。

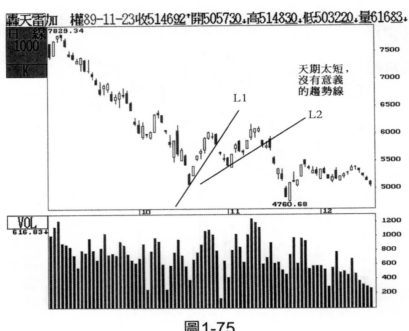

圖1-75

1.本圖中L1及L2即為沒有意義的趨勢線。

2.趨勢維持的時間要夠長，才具有劃趨勢線的意義，也才夠資格稱做「趨勢」。

3.以圖中的L1、L2為例，其根本稱不上趨勢線，只是隨意兩點都可以連成的直線。而雖然跌破後都出現下跌走勢，但下跌的原因是當時的走勢本來就含概在一個更大的下降趨勢中。

4.實務上應避免依主觀的看法，劃出符合原來想法趨勢線的心理陷阱。

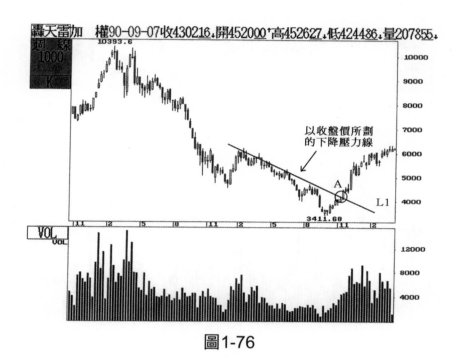

圖1-76

1.舉90年11月加權指數週線突破L1的走勢為例。

2.下降壓力線L1為期將近一年，指數一直被壓抑在L1之下，直至在A處形成突破走勢後，多空易位。

3.當時市場氣氛普遍悲觀，但藉由突破下降壓力線的確認，便能清楚了解趨勢已經由空轉多。

4.所有的資訊、數字都有可能是錯的，只有市場價格才是100％正確，忠實地呈現出多空強弱。

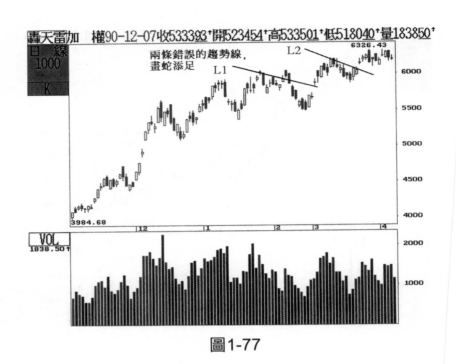

圖1-77

1. L1及L2是典型錯誤的趨勢線。

2. 在劃出L1及L2時，雖量價已經背離，但主趨勢還是向上，因此應該檢視其是否跌破上升趨勢線，若跌破才代表慣性改變，此時上升趨勢線有確認走勢的功能。

3. 但L1、L2都只是在峰位上連接的直線，況且天期過短，即使突破，意義也不大。

4. 為了劃線而劃線就會劃出誤導自己的線。

33. 避險──越避越危險

就目前市場上的普遍做法，避險操作就是在當指數有下跌風險時，藉由放空指數期貨以保護股票下跌所發生的損失。看似有理實則多此一舉，並且犯了邏輯上的錯誤。

假設在避險的指數空單建立後，指數仍繼續上漲，那麼做多股票的獲利便會被期貨的虧損浸蝕掉，更壞的結果是股票也沒漲，避險的期貨部位變為實質的虧損。而如果沒有進行避險頂多就是股票沒漲罷了。

另一種結果可以從指數下跌，避險空單發揮作用討論。假設持有的個股和指數的連動性很高，那麼隨著指數下跌，避險的獲利可能和股票的虧損相抵，那麼既然一開始都認為指數要下跌了，為何不直接賣掉持股？甚至只持有單向的空頭部位？避險後你希望漲還是跌？這就是邏輯上的衝突，一多一空結合成一個沒有意義的組合部位，也犧牲看對行情時的空單獲利。

再以所持有的股票和指數的連動性低討論。既然連動性低，因此未必會隨著指數下跌，而且與期指空單應視為兩個獨立部位。因為看好該股走勢，做多該股，此為部位一，同時看空指數，因此做空指數期貨，此為部位二，關鍵在於是因為不同的看法而形成不同的部位，而非意識到原有的股票多頭部位面臨下檔風險，因此才被動做空指數期貨避險。

避險，因為意識到風險所以想避開，而避開的最好方法不就是直接賣掉持股嗎？

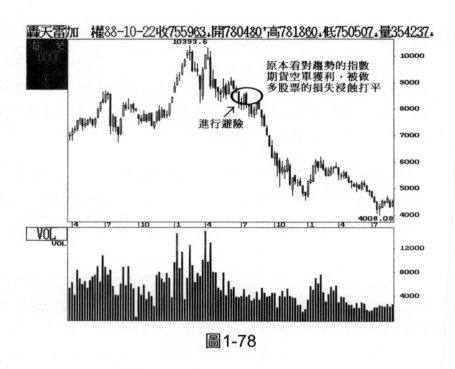

圖1-78

1.請對照圖1-79一併觀察。

2.假設在8000點時持有聯電,此時擔心其有下跌的風險,但又因為長期看好該股而捨不得賣出,因此決定以1:1的比例做空指數期貨藉此避開下跌風險。

3.這個策略的最佳結果是股票上漲,而指數下跌,形成兩邊同時獲利,但以其股性,長期而言幾乎不可能聯電上漲而指數不漲,或聯電下跌而指數不跌,因此這個部位等於在一開始就放棄了獲利,只求避險。

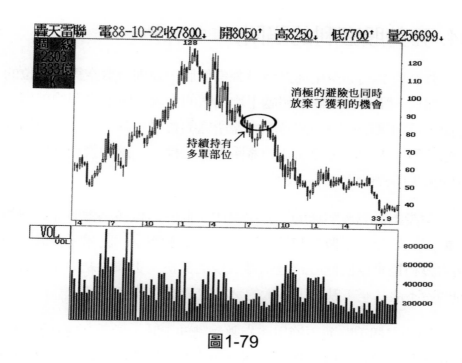

圖1-79

1. 如果認為指數期貨的獲利彌補了股票的虧損，就真的是駝鳥心態了。以兩套的資金成本結合成一個無意義的部位。

2. 基本上這是兩個互相衝突的部位，一邊的獲利會造成另外一邊的虧損，損失的是交易資本的時間價值。

3. 再者，同時持有這兩個部位，在將來還會面臨要先結束哪個部位的風險，結果就是避險——越避越危險了。

34. 強勢股套利的陷阱

　　強勢股套利的策略即是做多強勢個股，並同時放空等值部位的指數期貨，藉由強勢個股超越平均指數的表現，賺取之間的差價。但使用這種策略在時必須考慮大盤所處的背景，其並非在各種情況下都適用，否則就會像前述的避險交易一樣，一邊的獲利會被另一邊的損失所浸蝕。

　　假設指數處於明顯的上升趨勢中，此時若做多強勢股並做空指數期貨，如此一來做多個股的獲利將被指數空單的虧損所浸蝕，所剩的獲利是來自於個股超越指數表現的部份。更壞的結果是，做多的個股不漲甚至下跌，則指數的套利空單便會帶來虧損。

　　顯然這個策略並不適用在指數趨勢向上時，矛盾之處在於即然看好該強勢股及指數，那麼為何只想賺取兩者間的表現差異？兩種交易的結合只會減少潛在獲利並增加潛在風險。

　　而如果指數的走勢趨於中性，那麼在做多強勢股後配搭指數的空單就有其實質意義。獲利空間仍是兩者的表現差異，最壞的結果是個股下跌而指數上漲，但即然是做多強勢股，因此這種結果的機率理論上小於25％。

　　最適用強勢股套利的情況是當看空指數走勢時。此時若有真強勢股可做多，那麼必然是當時和指數連動性不強的個股，而再搭配原本就是順勢的指數空單部位，就形成兩個都有50％以上獲利機率的獨立部位了。

　　對於指數的多空看法，才是決定是否進行套利的關鍵。

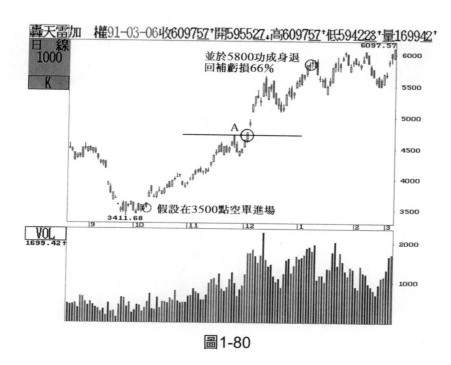

圖1-80

1. 以圖1-80、1-81說明在指數趨勢向上時，使用強勢股套利策略所帶來的反效起。（請同時參閱兩圖）

2. 假設做多該股，成本以63元計，搭配放空指數期貨套利，空單進場成本以3500點計，則：

    1口指數期貨契約價值為3500×200＝700,000

    換算對等的股票張數為700,000÷63,000≒11.1張

3. 遂以做多11張股票搭配一口指數空單進行套利，並如圖中的點位結清部位，則

    11張股票獲利：（170－63）×1000×11＝1,177,000

    1口空單虧損：（5800－3500）×200＝460,000

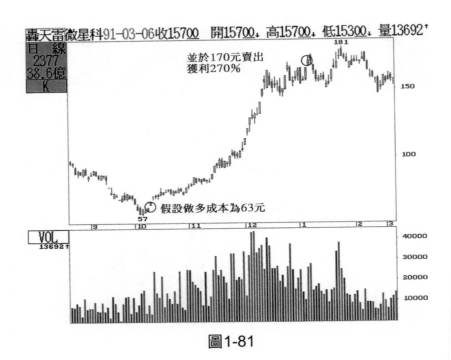

轟天雷微星科91-03-06收15700，開15700，高15700，低15300，量13692

並於170元賣出
獲利270%

假設做多成本為63元

圖1-81

1. 兩個部位相抵後的總獲利為：

   1,177,000－460,000＝717,000

   而因為期貨部位的虧損，使得總獲利縮減了：

   460,000÷1,177,000＝39%

2. 往好的一面想至少還有61%的獲利，但在這波指數的彈升過程中，至少在圖1-80的Ａ處就應該察覺趨勢已經轉強，因此也不需要一多一空的套利操作。

3. 這已經是股票漲幅大於指數4.1倍的例子，若挑選的「強勢股」沒有夠大的漲幅，可能就是白做工甚至以虧損收場。

35. 什麼股票一年配股三次？

每次除權配股後，除非開始填權才真正稱得上是「配股」，否則雖然持有的股數增加，但價格變小，整體資金大小並沒有改變。

以交易的角度而言，藉由價格波動賺取差價是最終的目的，而差價並非指隨機走勢帶來的微小波動，而是具有意義的突破或跌破所帶來的波段走勢。這就是問題的核心，一檔個股不會一整年都沒有明顯的波幅，而波幅就代表著交易機會。

特別是持有股票時，當轉弱的訊號出現後，就是賣出的時機，就算是一個只做多不做空的投資人，也只有在走勢明確向上時才有必要做多，並遠離下跌的階段。賣出持股後也未必要再買回同一檔個股，除非有再一次的轉強訊號出現，否則資金應該配置在其他更強勢的個股上，就好像你是球隊教練，應該選擇狀況最好的球員上場。

這種做法使得資金永遠都配置在最強的個股上，以整體資金的角度而言，這些換股而產生的獲利就是資本的「配股」。不需守著一檔個股，被動等著配股再期待填權，而應該讓資本主動尋找最佳機會。

而就算只交易同一檔個股，假設在100元賣出100張，等到股價回到80元時再買回，就能買進125張，等於是自己配股給自己2.5元，並且立即填權。當然這種做法必須要根本走勢的訊號配合才適用，不可能為了價差而隨意調節部位。一年中幾次下來早就超過實際配股的幅度了。

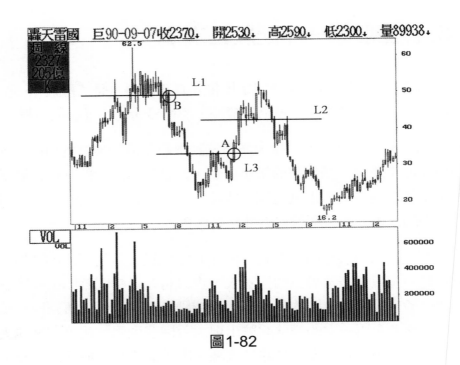

圖1-82

1. 這檔個股當然不會一年配股三次，但價格波動所隱含的潛在獲利空間，絕對大於三次配股的利潤。

2. L1代表週線中頸線的跌破，是強力的賣出訊號，L2之上的頭部形態較不明顯，但破線時也絕對是多單的出場訊號。兩次賣出後未必要再買回，而賣與不賣所帶來的差異十分明顯，配股未必強過不配股。

3. 在A處突破L3為明確的轉強訊號，若在B處賣出A處買進，大約就是一張配550股了。

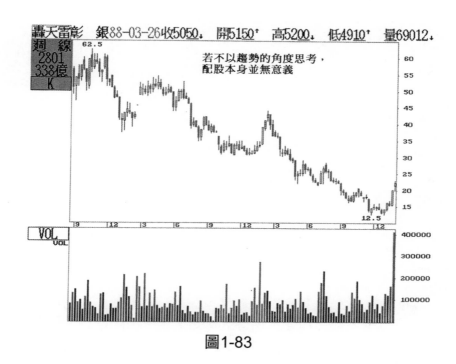

圖1-83

1. 之前曾提過賣出的股票未必要買回，買回與否端視根本走勢的變化而定。
2. 這張近兩年半的走勢圖，價格高低落差達80%，高價區的買進者要經過多次配股才有可能解套，而且是被動的解套。
3. 多空走勢決定了一切，因為所有的損益都來自於價格波動，配股只是一種幻覺罷了。

第二章

如何製作交易日誌

以文字配合圖表公開91.3.18～91.4.16之交易日誌

　　紀錄每筆交易的進出場價、日期、張數或口數、獲利率等等的資料，都只能稱做「交易紀錄」，而非真正的交易日誌。而經紀商提供的對帳單就已經包含了大部份資料，因此紀錄重心應該在於分析每一筆交易的流程，而基本流程依序為：

　　1.對於基本盤勢的多空看法。

　　2.選擇這筆交易的原因、理由。

　　3.明日可能的變化及應對策略。

　　4.結束這筆交易的原因、理由。

　　5.交易評論。

　　以上過程需要以標的物的K線圖配合紀錄，以圖例加上文字敘述。整個流程著重於反覆分析，從部位的建立一直到結束，紀錄得越詳實，越能體驗當時的交易心態。這些交易日誌累積的越多，對未來的交易就多一份幫助。

　　從你自己的交易日誌中，就可以發掘並歸納出你自己的交易偏好，那些特性讓你產生虧損？答案就在你自己的交易日誌中，而製作交易日誌的價值便在於避免相同的錯誤。過程著重在交易本身，以及多空的原因理由，並且刻意避開成本價，因為成本價會干擾客觀的思考及判斷。

　　以下節錄91年3月18日至4月16日的交易日誌供做參考。紀錄的格式可以因人而異，但重點一定是在於看多看空的原因、理由，才能讓你避開相同的錯誤，有效提升操作績效。

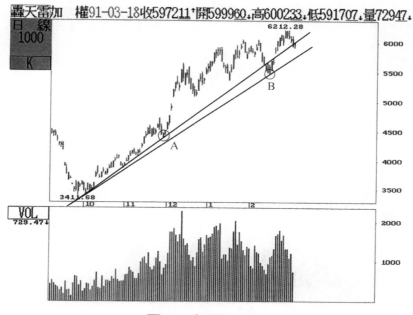

圖2-1（3月18日）

1. 指數自12月中旬以來，雖然仍維持向上運動的慣性，但上漲的角度、斜率已經趨緩，代表買盤的效率減低，所遭逢的賣壓也逐漸增加。

2. 連接回檔低點A的上升趨勢線已經跌破（電子現貨指數則已跌破兩條上升趨勢線），而新的支撐位於連接回檔低點B所形成的另一條上升趨勢線。

3. 綜觀盤面上重要個股的形態，短期內要再創新高的機率不大，在大盤相對低成交量的前提下，反而有回檔的壓力。

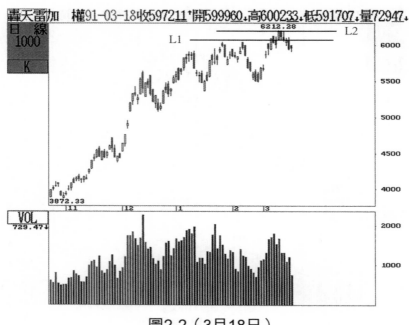

圖2-2（3月18日）

1. 短期的形態中，3／11曾出現新高點6212的突破走勢，但在兩個交易日後卻又跌回原來的突破位置，反而形成假突破的K線形態。

2. 跌破L1後確認為假突破，再反推回整個形態，L2即為壓力所在。

3. 雖未必就此開始下跌，但至少有拉回的壓力存在，因此將擇機建立指數期貨之空單部位，尋求指數修正所帶來的獲利，停損設現貨6220點。

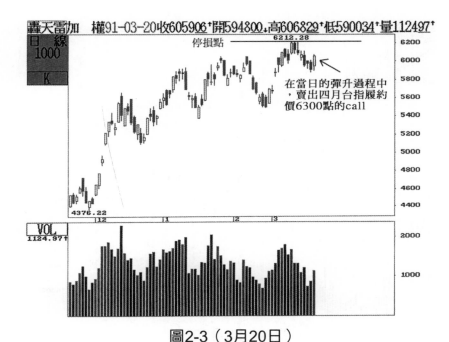

圖2-3（3月20日）

1. 今日出現強勁反彈，但是在指數距離所設定停損點尚遠，而且沒有立即轉弱的情況下，不宜就此建立期指的空單部位。

2. 推論現貨6220點仍為主要的反壓，目前立即大漲的機率不大，因此先行賣出四月台指履約價6300點的call，以賺取權利金的時間價值。

3. 若之後現貨轉強穿越6220點，則有直接回補所賣出的call及買進期貨兩種因應策略，或者再賣出另一溢價的put形成銷售吊形交易（short strangle），但傾向以直接回補call為最佳策略。

4. 目前也傾向擇機直接建立期指空單。

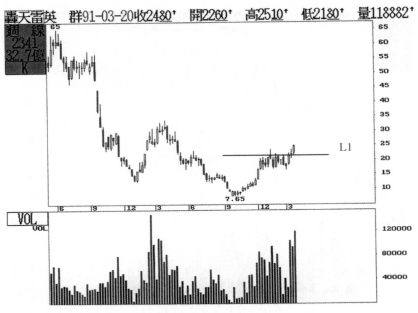

圖2-4（3月20日）

1. 目前主觀地認為大盤將在震盪後再向下修正，而在尚未成為事實前，若有絕佳的做多標的，亦可建立部份的多頭部位，前提是應該避開與指數連動性較高的個股，因為此時對於大盤的看法已趨保守。

2. 該股股性一向和指數的連動性不高，而週線在突破L1後，近九個月的大型底部隱然成型。

3. 接著檢視日線上的排列。

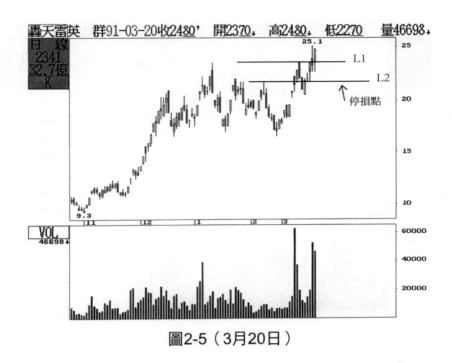

圖2-5（3月20日）

1. 在兩處突出的日成交量後創新高點，可解釋為有特定買盤進場推
   升了股價。
2. 其背後的原因理由無從猜測，順勢交易會是最好的策略。
3. 突破L1為轉強訊號，遂以L2為停損點，建立多單部位。

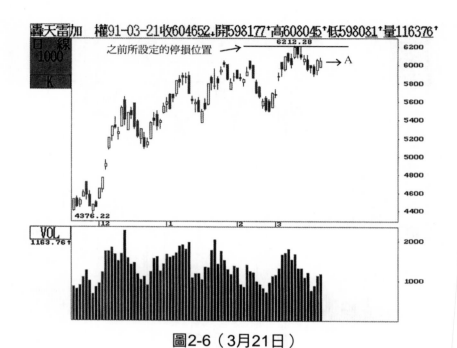

圖2-6（3月21日）

1. 本圖為3／21當天收盤過後的日線圖，請與圖2-7當天的五分鐘線對照觀看。

2. 當日盤中的A處為前一日高點附近的位置，出現A的轉折後在成交量B處帶量下跌，而一旦形成反轉，A處成為當日高點的機率極大，逐以L1為停損建立小規模的空單部位。

3. 約在兩個小時後，指數衝高越過了L1，代表之前的假設已被推翻，隨即在C處停損出場，結束當日即平倉的虧損交易。

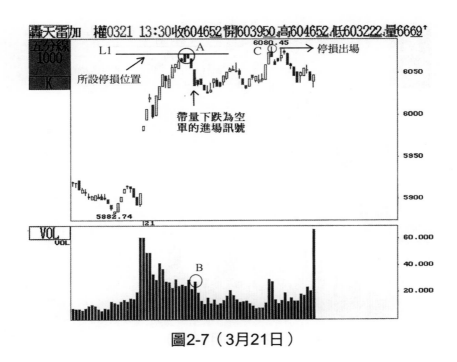

圖2-7（3月21日）

1. 回顧2-6的日線圖，在收長紅棒的隔日即建立空單，是因急於擷取高點的心態所導致。

2. 在訊號不夠明確的情況下進場，交易的失敗率高，但當時是在衡量過風險／利潤比後才決定交易。

3. 若判斷錯誤則僅有現貨空間約30點的風險，反之，潛在的獲利空間將倍數於此。

4. 再細部分析，B處的五分鐘下跌量不夠大以及忽略開盤的跳空缺口，是判斷上的瑕疵。

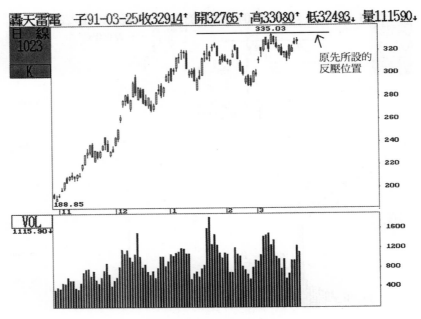

圖2-8（3月25日）

1.請將本圖對照圖2-9一併參看。

2.此時電子指數較台指為弱，盤中推估當日成交量仍會與價格持續
　背離，加上市場資金也持續分散至非電子股，使得電子指數的動
　能受限。

3.延續之前的看法，圖2-9的A處有形成當日高點的可能，而B處即
　為合理的空單進場區。

4.之後指數雖出現當日新低點，但其並非為合理的回補位置，反而
　是在C處創當日新高，推翻原來的假設後出場，結束了部位。

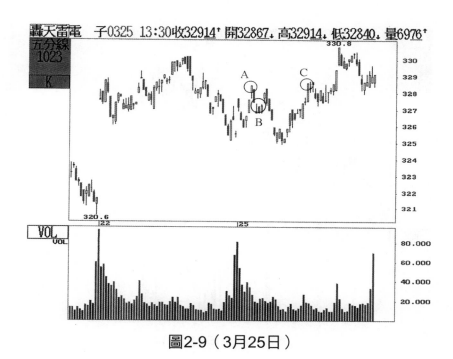

圖2-9（3月25日）

1. 回顧整個交易過程，似有擷取漲勢高點及過份主觀的缺失，但當盤中有新訊號支持原先的看法時，就應該立即建立至少是測試性的部位。

2. 在震盪區的交易，勝率自然不會比趨勢成形後高，但在較低勝率的背景下，配合緊密的停損，如此對於整體資金部位的影響仍然有限，而走勢若如預期則可以順勢再加碼。

3. 通常停損出場的交易，其持有部位的時間也較短。而獲利的部位，其持有的時間也相對較長。快速停損獲利持長正是此意。

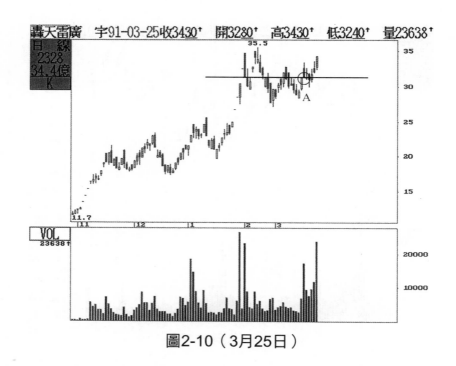

圖2-10（3月25日）

1.在圖2-9的電子期指空單出場後，當日電子現貨指數收329.14點，
  仍未達所設定的轉強條件，後續仍將伺機建立空單，除非其確立
  轉強。

2.而在本圖中，該股當天收盤後的K線形態符合了轉強條件，其週
  線形態與圖2-4類似，和指數的連動性也小，可為新的多單標的。

3.截至目前為止，對於指數（尤其電子指數）看法保守，因此將適
  時再建立指數期貨的空頭部位。同時做多部份強勢股（如圖2-4、
  2-5及本圖），這是多空雙方僵持時的策略。

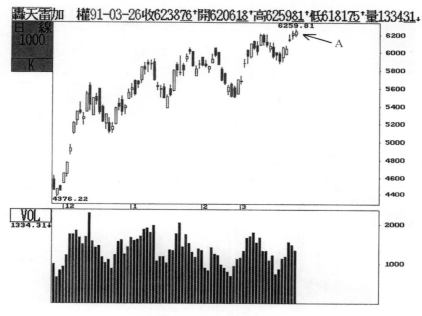

圖2-11（3月26日）

1.盤中推測A處的成交量將更小，量價背離會更為嚴重，依此訊號
　再次建立屬測試性質的期指空單。

2.若後續交易日中以大量反轉向上，則為立即回補的訊號，而若如
　預期向下修正，則將出現大於停損空間的跌幅。以有利的風險／
　利潤比，支持目前較不明確的做空訊號。

3.配合之前提過的個股多頭部位，組合成整體偏中性的現貨加指數
　期貨部位。

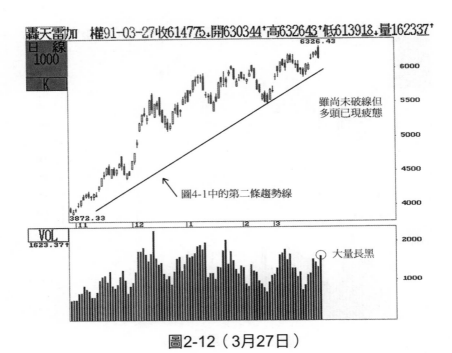

圖2-12（3月27日）

1. 今日開高後，五分鐘線先於高檔震盪，之後才開始一路走低，收
   盤幾乎收在今日最低點6147，並形成大量長黑的K線型態。
2. 而在短期走勢尚未明朗之際，曾考慮及空單的部位轉換及搭配選
   擇權等其他策略，因此先行結束原來的空頭部位，僅留下了原本
   賣出的溢價買權（sell call）。
3. 大量長黑加上原來就一直延續的背離，多頭自亂陣腳的情勢更加
   明朗，後續以更大部位建立期指空單的策略也將更為明確。

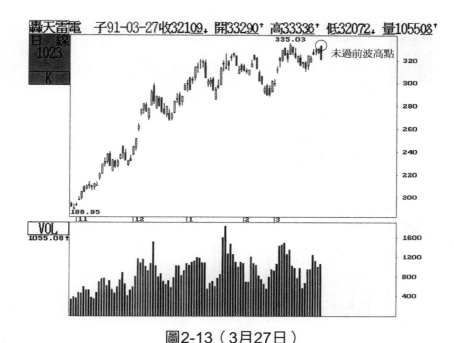

圖2-13（3月27日）

1. 與圖2-12比較，電子指數明顯要比加權指數弱，其盤中並未如加權指數般創新高，為此買方力量減退的證明。

2. 惜售的心態導致量縮，最後也會因為買氣同步退減而下跌，今日電子指數下跌未帶大量，雖有可能在短線上反彈，但要克服弱勢形態的機率不大。

3. 若無其他變數，後續交易日應以最弱勢的電子期指做為主要的空倉部位。

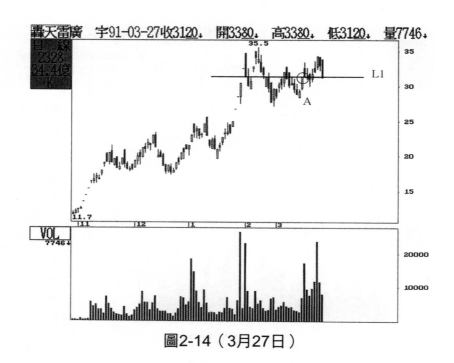

圖2-14（3月27日）

1.同一交易日中，圖2-10曾提及的強勢股也走弱並觸及停損點L1。

2.此時已經失去持有該多頭部位的意義，主因為大盤背景已經轉弱，而若該股能依所預期的不受指數拖累，就還有做多的理由，但目前答案是否定的。

3.依現況做應有的調整，後續該股若轉強而上，也只是損失一次機會。

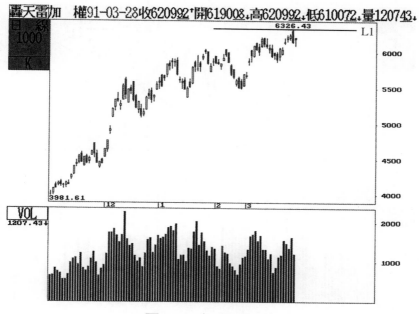

圖2-15（3月28日）

1.大量長黑後隔日，指數雖收當天最高點6209，但成交量卻減少了約25%，這種低量的反彈顯示實質買氣已經減退。若指數的上漲是因為惜售而非大量換手所致，則上漲的空間將會受限。

2.這種K線型態惟有以大量穿越L1，才能化解指數在震盪後的下跌壓力，也才能推翻指數將開始修正的假設。

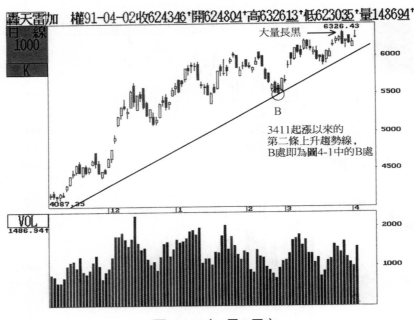

圖2-16（4月2日）

1. 以大盤指數與圖2-17的電子指數比對。

2. 4/2 的1486億為近日次大量，同時留下了長83點的上影線，並且與成交量A處的長黑K線相呼應，表示現階段的買盤在高檔遭遇相當程度的賣壓。

3. 整體量價持續背離，新的買盤又無法有效推升指數，指數若只是因為惜售而形成不跌的假象，表示已經蘊含並會累積未來的下跌能量。

4. 視量價的瑕疵，可隨時建立指數期貨空單部位。

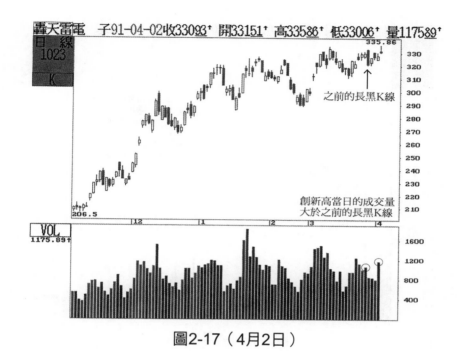

圖2-17（4月2日）

1. 4/2大盤指數由電子股領軍上攻，電子現貨指數一度創下波段新高
   335.86點，迫使先前賣出的6300點買權（sell call）停損出場，
   而類股成交比重擴增至80％，但收盤卻收在幾乎是今日的最低
   點，同樣留下了長上影線。

2. 扮演衝關角色一度創新高，而未能一鼓作氣續強，反而虎頭蛇尾
   草草了事，顯示新買盤仍無法有效克服潛在的賣盤。

3. 由於盤中電子指數曾創新高，為避免損失無限制擴大因此先行回
   補賣出的買權（sell call），而由收盤結果來看似乎是個錯誤決
   定，但目前已無任何期貨部位，後續的訊號產生後，策略的運用
   也會更有彈性。

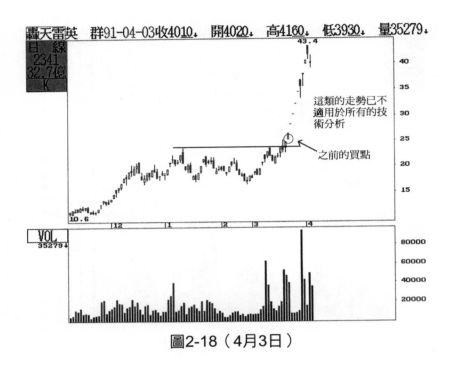

圖2-18（4月3日）

1. 圖2-15曾提及該股，近期內也確實累積了約60％的漲幅，一旦股價出現這種噴出的走勢，任何分析工具都無法確切指出最佳的買賣點。

2. 今日為第一天的明顯拉回，近期內將持續震盪的機率較大，直接再衝高或大幅拉回的機率小。以長波的角度而言，並沒有賣出訊號產生，但直覺先行賣出會是較好的決定。

3. 資金永遠都可以找到更好的去處，並且只在最佳時點建立部位，圖2-19的形態即為另一個潛在機會。

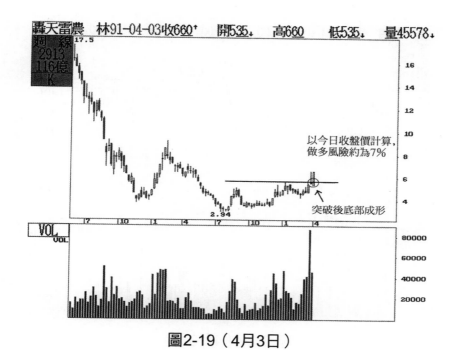

圖2-19（4月3日）

1. 該股於低檔整理約一年，配合著市場題材，買盤大舉介入形成突破走勢，突破之後，完整的底部隱然成型。

2. 此時非電子股的走勢強過電子股，而這些沈寂已久的個股，其走勢更不容易受到指數震盪的影響。

3. 做多這類趨勢向上的個股，以勝率而言絕對強過部份已經頭部成形並將下跌的電子個股。

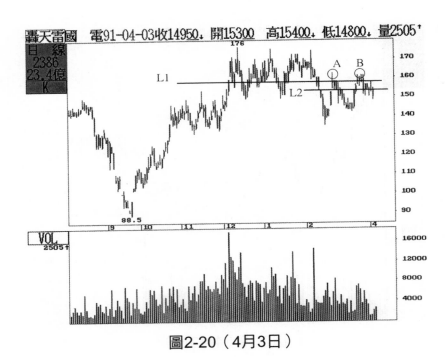

圖2-20（4月3日）

1.舉兩檔明顯已經頭部成形的電子股，做為和強勢股的比對，並進
　一步從個股的轉弱，支持電子指數將面臨修正的看法。

2.跌破頸線L1後形成完整的頭部形態（12月至2月），破線後雖曾
　反彈出現A、B兩個高點，但其形態與成交量都無法和前波相抗
　衡，而A、B兩個反彈高點也形成另一個小型頭部，更增加潛在多
　殺多的能量。

3.若做多這種形態的個股，只是用很大風險換取極小的潛在獲利。

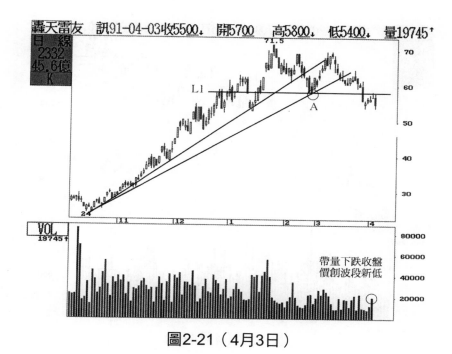

圖2-21（4月3日）

1. 走勢已經跌破了兩條上升趨勢線，並且跌破由前波低點A所劃的
   頸線L1，更加確認趨勢的轉向。
2. 而今日更以相對大量下跌創下波段新低，更增加原來套牢籌碼的
   危機感，增添上檔的賣壓。
3. 該股在本波修正尚未結束前，縱有上漲也僅是反彈的格局，並不
   具有長波段的實力。
4. 從形態及走勢，可以看出格局 大小。

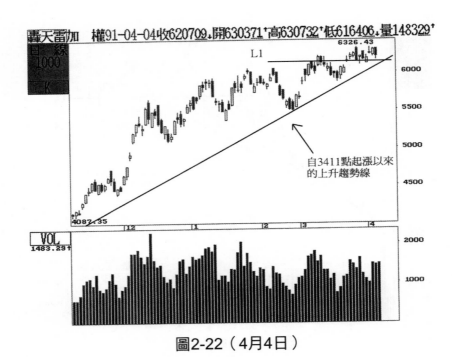

圖2-22（4月4日）

1. 今日開盤即接近本波最高點6326，但隨即拉回，之後對照15分鐘
   K線圖，前15分鐘成交量幾乎是近期最大量，此時15分鐘線收
   黑。

2. 大量且收黑符合之前對於賣壓會逐漸增強的推測，而此時即是指
   數期貨空單的進場訊號。

3. 收盤後現貨下跌87點，符合對於走勢的看法，而未來若帶量跌破
   L1，將會是空單的加碼點。

4. 目前就算指數不跌而持續震盪，近期也將跌破向右上方延伸的趨
   勢線，除非現貨指數能以更大量再創新高，才能化解下跌的危
   機，而這也是空單的風險。

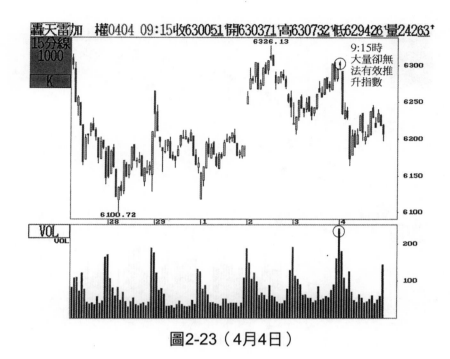

圖2-23（4月4日）

1. 週、日線可以觀察中期趨勢，而指數期貨的切入點仍應觀察更短時間週期的K線，以求更精確的進出場時機。

2. 今日9：15時指數仍是小漲，但大量卻無法有效推升指數，顯示今日的賣壓沈重。

3. 日線、分鐘線的走勢相吻合，並且相互確認，即為合適的交易訊號。

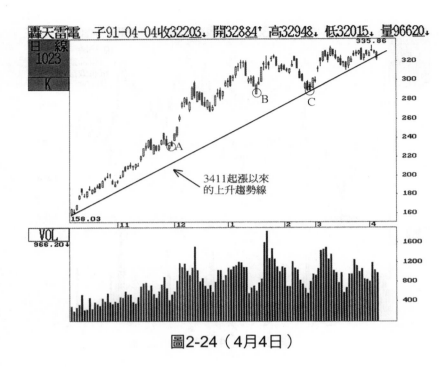

圖2-24（4月4日）

1.今日指數以大量收黑K棒，而以各類股比較，又以電子指數最為弱勢。

2.原因在於今日的現貨收盤價322.03點已經跌破了連接C點的上升趨勢線，而在此之前連接A點與B點的趨勢線也早已跌破（圖2-1曾提及）。

3.走勢由上揚轉為平緩，而破線後的下跌走勢也越來越接近啟動的時間點。

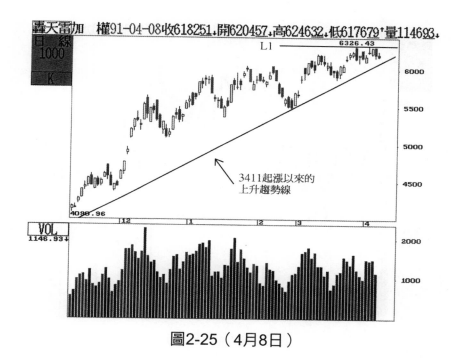

圖2-25（4月8日）

1. 今日開盤後的預估成交量即比前三個交易日小，表示買盤在高檔已經開始減少，這點也符合之前的假設。

2. 而上升趨勢線約落在6120點處，目前在買盤缺少攻克L1的條件下，未來向下跌破趨勢線的壓力日與俱增。

3. 近期非電子股的走勢強勁，但在成交比重仍達60％以上的電子股拖累下，整體指數空間也必然受限，但權值小的個股則另當別論。

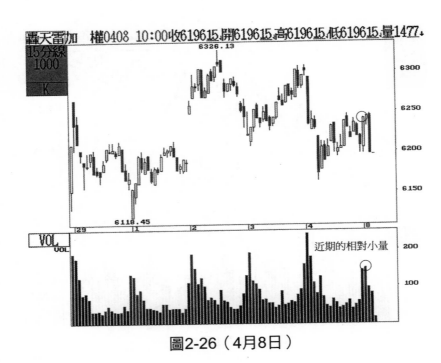

圖2-26（4月8日）

1. 和圖2-23的15分鐘線相反，今日前15分鐘出現近日來的最小成交量，此時指數呈現小幅反彈的走勢。日線、分鐘線再一次同時符合進場條件，為空單加碼的訊號。

2. 此時空頭部位的風險在於指數轉強穿越圖2-25中的L1，時約現貨110點的風險。而此時不論潛在的風險／利潤比，及訊號的正確率皆支持持有空單部位。

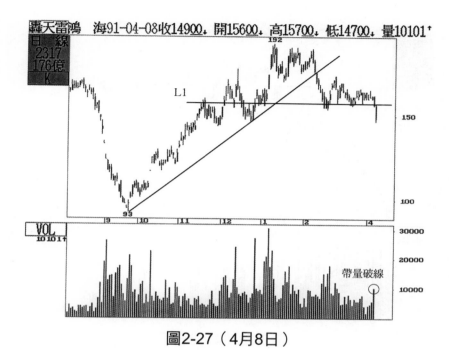

圖2-27（4月8日）

1. 舉兩檔今日破線轉弱的電子股，以個股、大盤相互確認的走勢，說明支持建立指數期貨空單的理由。

2. 該股在兩個月前跌破上升趨勢線後，股價已經開始緩跌，今日再破頸線L1更形弱勢。

3. 該股目前所面臨的是L1之上的賣壓，雖未必會急跌，但至少需要修正過後才有機會展開新的攻勢。

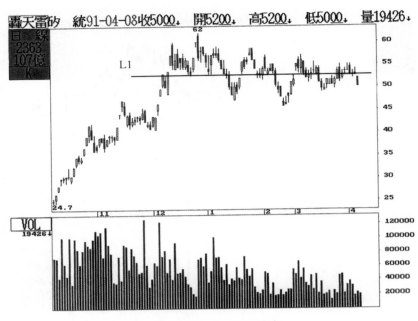

圖2-28（4月8日）

1.整體成交量呈現遞減，買方的力量持續減弱中。今日破線雖未創
　波段新低價，但今日下跌約5％卻使更多的籌碼套牢，而新的收
　盤價也會使多頭重新思考留下部位的必要性。

2.停損賣壓的出現也將引發更多的籌碼鬆動，多殺多的走勢由此而
　來。

3.同樣的，雖未必立即下跌，但至少上檔的壓力重重，個股之間相
　互影響，也牽動指數的表現。

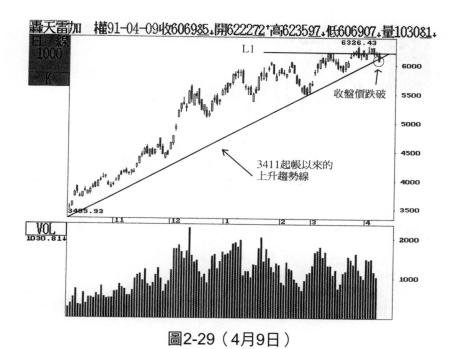

圖2-29（4月9日）

1. 今日收盤價不僅跌破3411起漲以來的第二條上升趨勢線，也創下過去十二個交易日以來的最低收盤價，L1（現貨6210點）之上已形成實質的壓力區。至此，除非日成交量1600億以上成為常態並突破現貨6300點，才有可能由空轉多。

2. 原本預計在現貨跌破6100點時加碼空單，但因今日破線未帶大成交量，要以多殺多借力使力的條件並不成立，因此未再加碼空單。

3. 今日為量縮破線，近日或有機會出現反彈，而低量的反彈仍為加碼空單的機會。

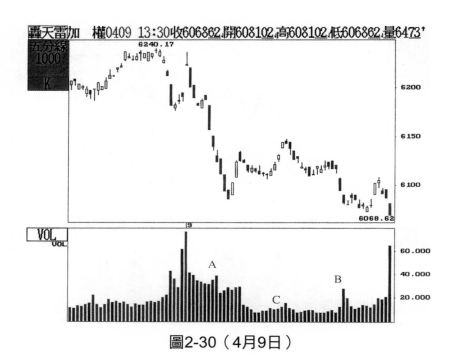

圖2-30（4月9日）

1. 圖2-29中曾提及今日的下跌並未帶著大量，但從今日的五分鐘K
   線圖觀察，仍可明顯看出賣方的力量強過買方。

2. 下跌時對照成交量A、B區皆為大量，而盤中的反彈對照下來則是
   C區的相對低量，看似多空雙方勢均力敵，實則空方勝出。

3. 目前在還有續跌空間的假設下，為求完整波段的獲利因此並沒有
   回補空單的必要。優異的風險／利潤比條件也仍存在。

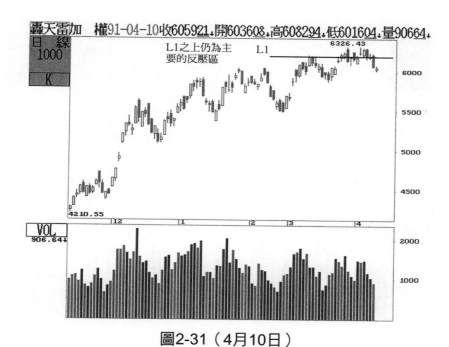

圖2-31（4月10日）

1. 今日不論盤中的分鐘線或收盤後的日K線，都並未出現關鍵性的變化。賣壓稍為減輕應解讀為賣方正在等待反彈後較好的賣點，此時多頭的持股信心已不若一個星期前充足。

2. 破線後，買方要重新凝聚買氣的難度加高，因為多方的籌碼逐漸零亂，步調變得不一致，因此推測近期內仍將維持1500億以下的低量。

3. 關於交易計劃，若出現低量的反彈或直接以相對的大量下跌，再配合分鐘線也出現轉弱訊號，都是加碼空單的時機。沒有即定的進場點數，完全依市況變化而定。

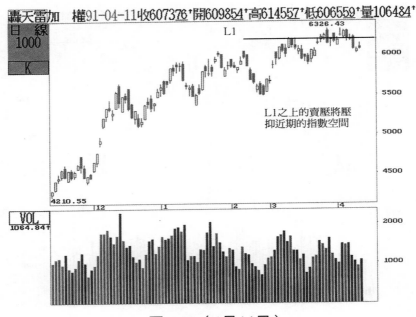

圖2-32（4月11日）

1.今日成交量稍為增加14%，尤其電子類股成交比重提高，但不論台指或電指現貨的收盤價都收在接近今日的最低點，顯示在買盤增強後（成交量放大），也遭遇了更強的賣盤，才使得指數收低。

2.推測近期的日成交量將維持在1500億以下，縱有反彈，空間仍然有限。

3.在盤面上的多空事實未改變前，也將繼續持有空單直至有充份的證據顯示多頭重新掌握了優勢。

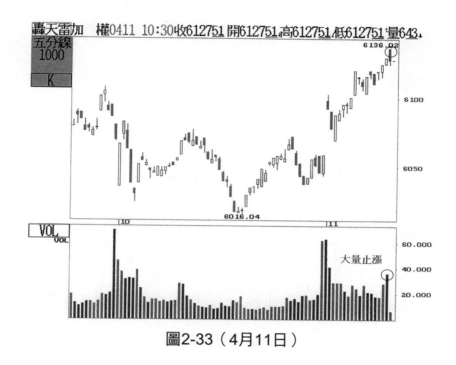

圖2-33（4月11日）

1. 今日盤中曾出現短線的轉弱訊號，同時也符合昨日交易計畫中的加碼條件。

2. 在盤中現貨指數彈升近80點之際，五分鐘K線圖出現大量止漲訊號，因此這個位置非常有可能演變為今日的最高點，加碼的空單順勢進場。

3. 在空單部位增加後，相對的潛在風險也隨之增加。而最壞的結果是指數反轉向上，並觸及所設的停利點，如此便會影響及即有的獲利。

4. 整個決策仍是建立在優異的風險／利潤比上。

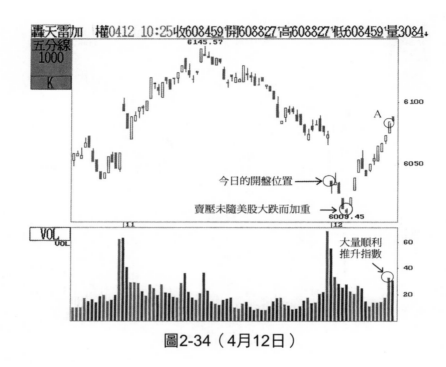

圖2-34（4月12日）

1. 先從今日五分鐘的Ｋ線變化討論。Nasdaq前一日下跌42點（2.37％）為今日的開盤背景，而開盤後台指現貨最低曾下跌64點，隨後開始緩步彈升，此暗示著短線賣壓並不強。

2. 而關鍵的轉折出現在Ａ處，出現了五分鐘的相對大量並創下今日新高點。賣壓未隨美股大跌加重在前，買盤加溫創新高點在後，短期止跌訊號隱然形成。

3. 當時雖未觸及空單停利點，但仍依循止跌訊號回補部份空單。而若轉弱的訊號再出現則可再次建立原部位，不論有無差價與否。

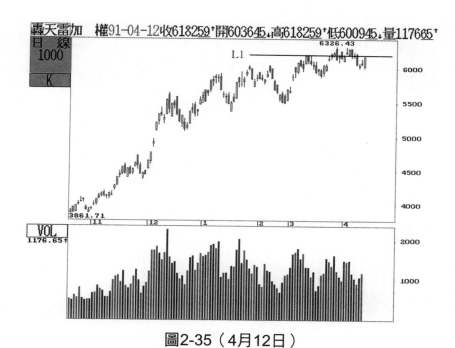

圖2-35（4月12日）

1. 今日現貨收最高點，而剩餘的部位雖已觸及停利點，但因為已於早盤回補部份的部位，因此並未執行停利而仍保有部份空單。

2. 以今日的收盤結果觀之，雖然背離的情況仍持續，L1之上的壓力也是事實，但目前重新聚集的買盤至少在近期內會將指數撐在今日的低點之上。

3. 彈升的高點將視成交量大小及搭配的K線形態而定。大量反轉或是持續的低量都是反彈結束的訊號，而目前最壞的結果是在後續的反彈中回補剩餘的部位，而僅保有今日回補部位的獲利。

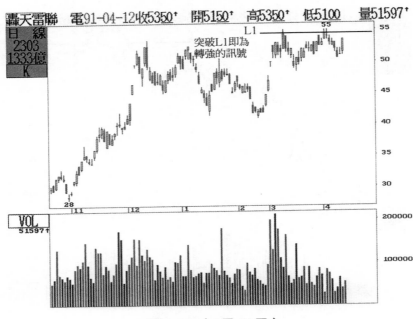

圖2-36（4月12日）

1. 除了觀察指數是否轉強外，重要個股的走勢亦可反推指數的多空轉折。聯電走勢若突破L1，是剩餘空單的出場訊號。

2. 下週開盤若直接以大量衝高，則必須回補剩餘的空單部位，接著再搜尋是否有轉弱的訊號出現，而形成單日大量反轉。而若為相對的低量，則可留下剩餘的空單部位。

3. 另兩種策略是賣出五月台指的溢價賣權（Sell put），收取部份權利金以保護上檔風險。或買進4月17日到期而逆價差仍大的四月電指，如此一來整體部位便趨於中性，並可取得多單逆價差結算的優勢。

圖2-37（4月15日）

1. 本圖為9:09時的10分鐘K線圖，在以跳空44點開出後，成交量持續擴大，預估將會出現高出前一交易日約20%的相對大量，此時K線雖收黑，但在欠缺更明朗的多空訊號情況下，選擇回補剩餘的空單停利出場。

2. 出場後的後續策略為：
   ①若指數持續穩健上漲，可選擇強勢個股做多。
   ②若指數出現大量反轉的訊號，期指空倉可隨時再建立。
   ③若近日成交量再次萎縮，則代表買盤無法銜接，同樣為空單的建立時機。

3. 此時指數尚未正式轉強，因此期指仍將依轉弱訊號的出現，以空單為交易的主軸。

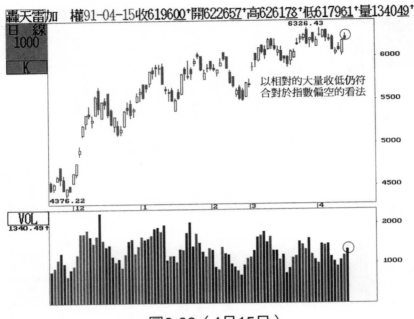

轟天雷加　權91-04-15收619600⁺開622657⁺高626178⁺低617961⁺量134049⁺

以相對的大量收低仍符合對於指數偏空的看法

圖2-38（4月15日）

1. 以大量長黑收在接近今日的最低點，符合對於指數偏空的看法，但就形態而言，目前立即反轉向下的條件尚不夠充分。當短線的轉弱訊號也出現時，才是較明確的空單進場時機。

2. 此時可以選擇權先行建立偏空的組合部位。以今日五月台指選擇權收盤價而言，買進6200點的put，再賣出6000點的put（Bear Put），即可以約80點的風險鎖定6000～6120點間的120點利潤。

3. 而若賣出兩倍數量6000點的買權（ratio spread with puts），則會有些微的權利金淨收入，等於是免費取得6200點的賣權，獲利區間約在5800～6200點間。而5800以下的風險將由指數再次轉弱後所建立的空單保護。

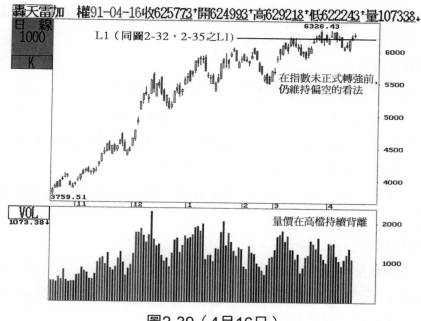

圖2-39（4月16日）

前言：由於本書即將進行排版等出版作業，因此交易日誌僅節錄至
　　　　4月16日止。本節將就未來走勢變化做策略推演。

1.今日1073億的成交量仍是相對低量，在此以價穩量縮解釋似乎不
　適用於高檔的背景，而若目前的時點非為相對高檔，那麼必須維
　持至少1600億的日均量並突破之前的高點證明，但截至目前為止
　這個條件並未出現。

2.在多頭尚未被證明是對的之前，同時又有其他訊號顯示多頭的正
　確性遭到質疑時，以偏空的策略操作比較符合多空攤牌前的盤
　局。

3.除了指數本身轉強外，之前圖2-36中聯電的走勢亦有帶動指數轉

強的可能,由個股走勢也可反推指數的走勢。而在這些假設還未成事實前,仍以偏空的策略交易。

4.指數轉強後的交易策略:

因為在突破之後仍有可能再次拉回形成假突破,因此在指數突破時可先賣出溢價的賣權(Sell put),若指數轉強確立,則到期時會有權利金的收入,而若指數為假突破,則賣出賣權的權利金收入更可為未來指數期貨空單的上檔保護。

此外在確立轉強後,變為順勢的期指、個股多單都可為交易的項目。

5.指數轉弱後的交易策略:

在預期會出現回檔的假設下,做空指數期貨比較能夠獲得完整的獲利。而因為不可能重押資金於買進賣權(Buy put),因此該選擇權策略能提供的實質獲利有限。

　　附記:以上即為91年3月18日~4月16日的交易日誌。平時當走勢沒有出現重大改變時,日誌中的內容也不會有太大的改變,因此有時也可以省略當天的日誌。

　　而在指數出現重大轉折後,整個交易策略也會隨之改變,因此當天的日誌內容也會增加,內容多寡完全視交易訊號多寡而定。
交易日誌的格式沒有限制,重點在於記載交易的理由及多空看法。
現在你(妳)也可以開始製作自己的交易日誌了。

第三章

實戰測驗及評論

藉由辨識交易機會的測驗，增加實際的交易技巧

　　本章以模擬個股及指數期貨的交易個例，在單數頁中舉出交易前看多及看空的理由，請讀者在翻到偶數頁的交易結果前，也試著做模擬測驗，重點在於要列出自己為何看多或看空的理由。

　　個例中的多空看法、交易結果未必正確，讀者要以本身的看法做客觀的判斷，之後再進入偶數頁對照實際結果。因為版面編排之故，因此在部份的個例中可能無法觀察到完整的走勢，但仍請就例圖做出最有可能的多空判斷。

　　在每個例子結束後的交易評論，可視為交易反省，藉由一次又一次的改進交易技巧，提升判斷辨識能力，實際的交易能力就會有所提升。

　　整個流程就像真實的交易日誌一般，記載進出場理由及事後的評論，如果你能避免自己曾經犯的錯，操作績效的提升是必然的結果。

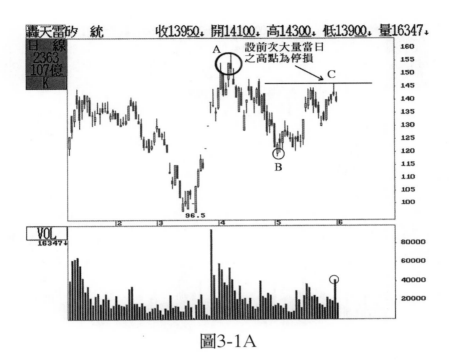

圖3-1A

進場做空理由：

1. 前波高點A處的日均量約50000張，股價自高檔下跌至B後開始反彈，反彈過程中的日均量只有30000張，明顯小於前波的水準。

2. 之後於C日，出現反彈中的單日最大成交量並留長上影線，顯示賣壓逐漸增強，遂以當日之高為停損，空單進場。

在進入下一頁前，試著自己也做判斷，是否認同前述的分析？

圖3-1B

空單出場理由：

1.股價並未如預期下跌，反而逆向衝高於A處突破了所設定的停損點。

2.突破當日伴隨大的成交量，極有可能形成有效突破。基於上述兩個理由，空單已經沒有存在的必要。

交易評論：

1.進場做空的依據僅因為量價出現瑕疵，而當時的頭部形態並非十分明確。

2.嚴格來論是因為主觀地認定已經走空，而非依據客觀的事實判斷，導致一次虧損交易。

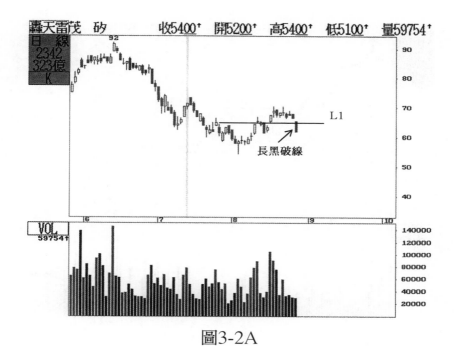

圖3-2A

進場做空理由：

1.本圖為除權還原圖。

2.走勢處在穩定的下降軌中，修正過程中的反彈高點，都是半路上
　車型的空單進場點。

3.以跳空和長黑確認本波的反彈已經結束，空單可順勢進場，並設
　停損於L1。

在進入下一頁前，試著自己也做判斷，是否認同前述的分析？

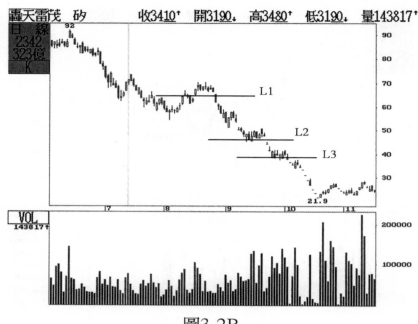

圖3-2B

空單出場理由：

1.走勢雖如預期下跌，但在平盤之下不得放空的規定下，等到可以
　進場做空時，價格已經遠離L1，在衡量過潛在風險後，當時的時
　點已經不適合新空單進場。

交易評論：

1.大幅跳空導致原預定的交易計劃無法執行，是交易過程中的一部
　份。本例中若是持有多單，則應儘速出場，預定的新空單只能尋
　找其他機會了。

2.之後跌破L2、L3時也都出現類似的情況。只要具備判斷多空的能
　力，永遠都有其他的交易機會。

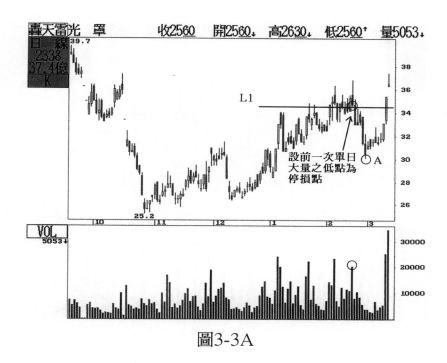

圖3-3A

進場做空理由：

1.在二月初的幾次攻擊失敗後，股價曾拉回20％至A處，但隨後買
　盤再次加溫創下收盤價新高。

2.雖然突破當日以大量留下了長上影線，但配合低點A觀察，其有
　可能形成假跌破後的攻擊走勢。

3.設較緊密的停損即可進場做多。

在進入下一頁前，試著自己也做判斷，是否認同前述的分析？

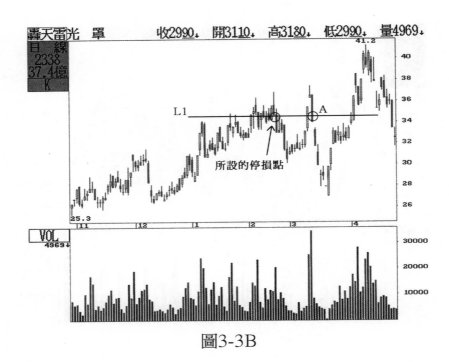

圖3-3B

多單出場理由：

1.進場當日即出現反轉，於A處跌破所設的停損點L1，此時多單已
　無繼續持有的理由。

2.尤其本次的停損點是設在前波大量的低點，跌破後要再反彈的機
　會更小。

交易評論：

1.如果能嚴格篩選交易機會，就不會接受這種比較不完美的進場訊
　號，也能減少交易虧損的次數。

2.雖設有緊密的停損可以控制損失的幅度，但不能因此而草率的建
　立部位。

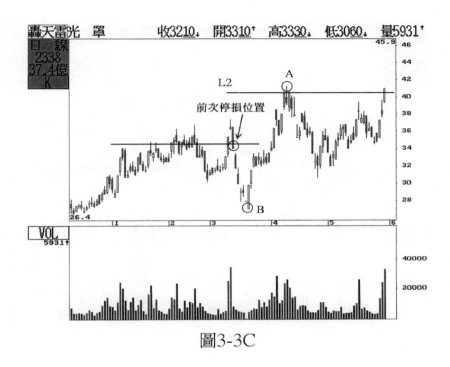

圖3-3C

多單進場理由：

1. 在前次停損出場後，分別出現A、B兩個新高點與新低點，顯示多空雙方都還沒有能夠主導走勢。

2. 目前股價再次突破L2所代表的前波最高收盤價，暗示股價脫離盤整區上漲的機率大增。

在進入下一頁前，試著自己也做判斷，是否認同前述的分析？

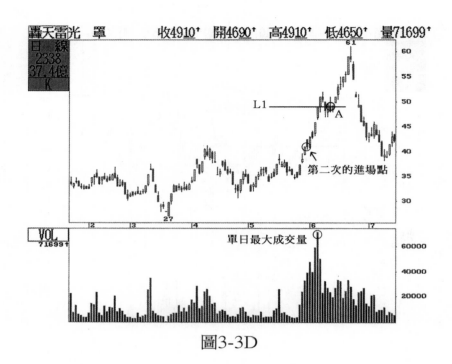

圖3-3D

多單出場理由：

1.本次進場後順勢急漲，之後在震盪區的A處，跌破了L1所代表的
　單日最大量收盤價。

2.在推測將出現明顯回檔的情況下結束多頭部位。

交易評論：

1.就交易心態而言，可能是受前次曾經停損出場的影響，因此比較
　留意細微的波動，而選擇在A處結束部位。

2.出場後股價又上漲了20％，這種提早結束獲利部位的情況在實務
　上幾乎無法避免，重點在於當時結束部位的理由要有所根據，事
　後的結果是無法控制的。

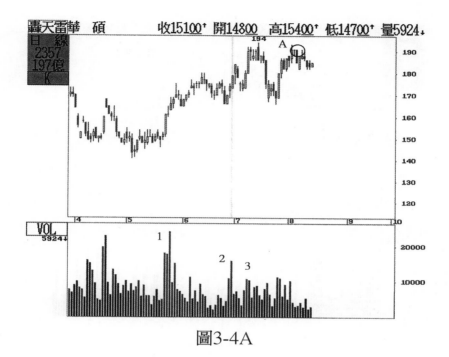

圖3-4A

進場做空理由：

1.此為除權後還權圖。

2.在上漲過程中，三波上漲所對應的成交量呈現遞減的型態，表示實際的買盤正逐漸減弱。

3.在峰位A處時成交量萎縮得更快，盤頭的跡象日益明顯。

4.以A處的高點為停損，空單進場。

在進入下一頁前，試著自己也做判斷，是否認同前述的分析？

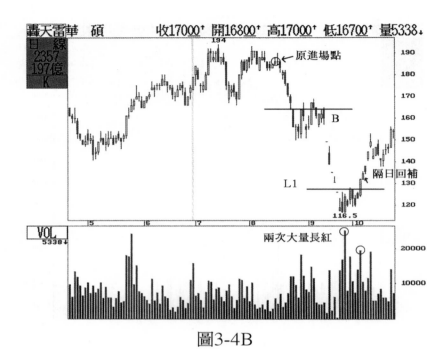

圖3-4B

空單出場理由：

1.在B的密集區中震幅頗大，但其距離起跌點不遠，在潛在反彈空
　間不大的情況下仍可繼續持有空單。

2.而在兩次大量長紅並突破密集區的上緣L1後，停利出場。

交易評論：

1.進場時的頭部形態尚未完成，但量價的背離，加上優秀的潛在風
　險／利潤比，都是支持空單進場的訊號。

2.若持有部位的信心不夠，就很可能會在B區提早停利出場。而信
　心程度和成本價有關。

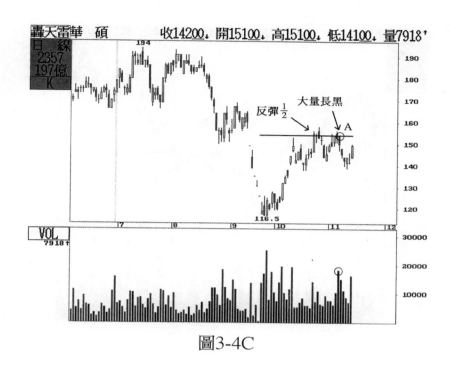

圖3-4C

進場做空理由：

1. 本圖為除權後還權圖。

2. 股價自高點194下跌至低點116.5後，反彈至下跌幅度之1/2處，此後在上下約10%的空間震盪達一個月。

3. 在K線A處出現大量長黑的反轉訊號，遂以當日高點為停損，尋求股價向下修正的利潤。

在進入下一頁前，試著自己也做判斷，是否認同前述的分析？

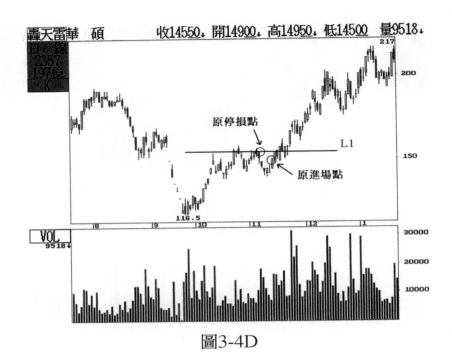

圖3-4D

空單出場理由：

1. 震盪了約一個月的形態並未造成多殺多走勢，反而在三天內創下波段收盤價新高，也突破了L1所代表的停損點。

2. 股價能攻上大量長黑當日的高點，顯示新買盤的強勁力量，至此空單也沒有留倉的必要。

交易評論：

1. 虧損必然是交易中的一部份，假設誤判的機率是30％，就當成是十次裡會出現的其中三次。

2. 有時停損後再反手做多或做空，是絕佳的策略之一，但只有在直覺十分強烈時才有可能順勢反轉部位。

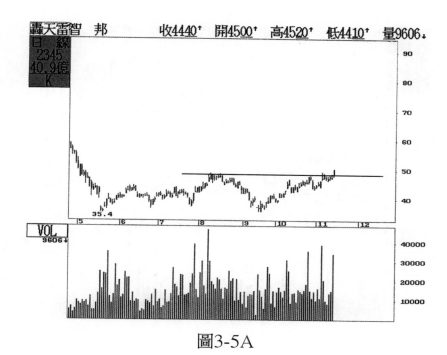

圖3-5A

進場做多理由：

1. 這是典型的突破走勢，股價經過約六個月的震盪整理後，以相對
   大量穿越整理區的上緣創新高價。

2. 以突破當日的低點為停損點，若拉回至該點位之下，則代表突破
   失敗，也是應該停損退場的訊號。

在進入下一頁前，試著自己也做判斷，是否認同前述的分析？

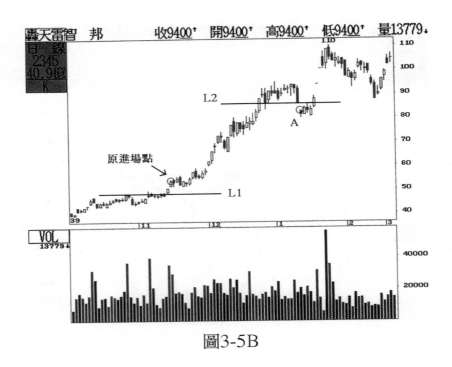

圖3-5B

多單出場理由:

1.進場後經過約兩個星期的震盪才開始上漲,其間並未跌破L1所代表的停損點。

2.而L2為該震盪區的最低收盤價位置,跳空跌破後,A處即為合理的賣出位置。

交易評論:

1.進場後並未如預期般立即上漲,但在未跌破所設的停損前,繼續持有部位是正確的。除非大盤出現重大利空才有提早出場的必要。

2.在A處為避免出現重大回檔因此停利出場,而失去後續的利潤也應視為交易中必然會發生的情況。

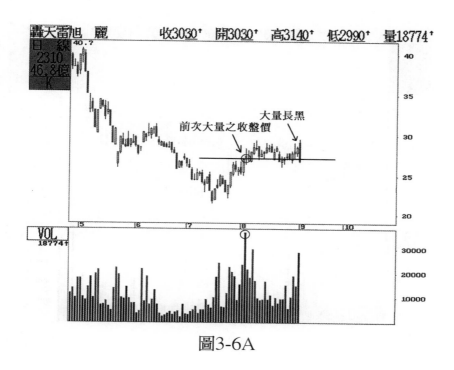

圖3-6A

進場做空理由：

1.股價在橫盤的過程中出現大量長黑，並跌破前次大量當天的收盤價。

2.推測在震盪區中的整理已經結束，並將開始向下修正。

在進入下一頁前，試著自己也做判斷，是否認同前述的分析？

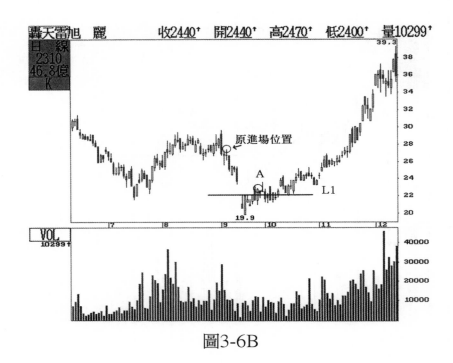

圖3-6B

空單出場理由：

1.股價突破一個星期以來的最高收盤價L1，推測股價已經初步止跌。

2.短期已經沒有立即再下跌的壓力，因此停利出場。

交易評論：

1.本次交易的進場是因為其K線形態出現轉弱訊號，而並未考慮其所在的高低檔位置，雖然獲利出場，但以波段的精神而言則未必應該進行這次交易。

2.事後的走勢證明在已經累積相當的跌幅後，空單進場風險隨之增高，這類交易必需要設較為緊密的停損。

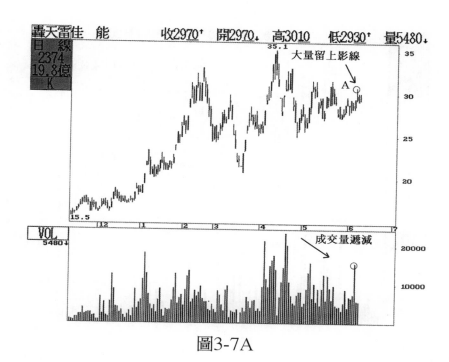

圖3-7A

進場做空理由：

1. 股價自低檔起漲所累積的漲幅已超過100%，近期持續在高檔震盪，而成交量則持續遞減、萎縮，顯示買方力量正逐漸減退。

2. 在A處以大量留上影線，更顯示高檔的賣壓沈重，遂以當日高點為停損，空單進場。

在進入下一頁前，試著自己也做判斷，是否認同前述的分析？

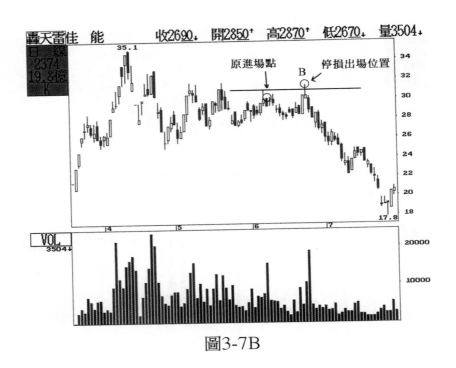

圖3-7B

空單出場理由：

1.在B處突破了所設的停損點，在已經轉強且有續漲的可能下，空單沒有理由繼續持有並承擔額外的風險。

2.先行退場是最符合當時市況的決策。

交易評論：

1.停損的決策以結果論當然是錯的，但以當時的市況而言，執行停損則是必須的。

2.空單在這類小股本的個股中，自然會承受較高的風險，即然進場交易就必須有這種認知。

3.可惜之處並非停損，而是沒有明確的再進場訊號。

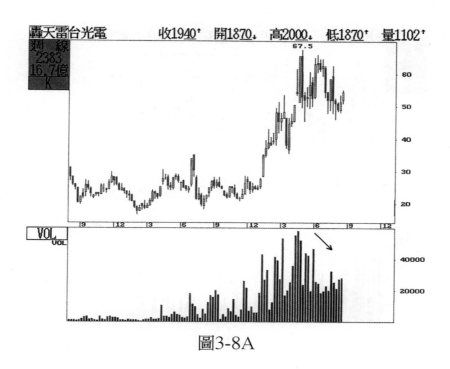

圖3-8A

週線進場做空理由：

1. 本例由週、日線的走勢圖同時觀察，做為進場前的分析依據。本
   章中因為篇幅的關係，因此大部份只舉例週線或日線其中之一，
   但在實際的流程中必須同時評估週、日線的走勢，才能清楚了解
   所在的位置以利客觀分析。

2. 在高點出現後，已經持續震盪約五個月，而成交量則緩步遞減，
   買盤力量正逐步轉弱，目前的震盪視為盤頭的走勢。

在進入下一頁前，試著自己也做判斷，是否認同前述的分析？

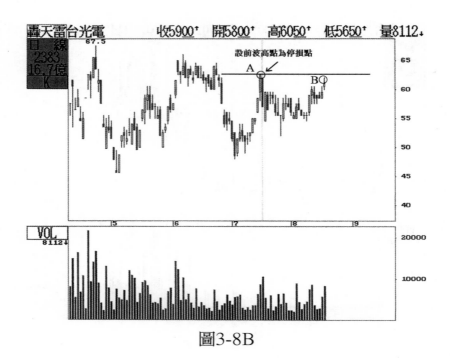

圖3-8B

日線進場做空理由：

1. 此為除權後的還權圖。

2. 日線中的成交量也緩步遞減中，而在反彈至B點時，即將進入前波高點的反壓區，預期本波反彈將無法與前波的套牢賣壓抗衡。

3. 在反彈高點有限的假設下，以前波之高點A為停損點，空單進場。

在進入下一頁前，試著自己也做判斷，是否認同前述的分析？

為配合版面編排次序
本頁刻意留白

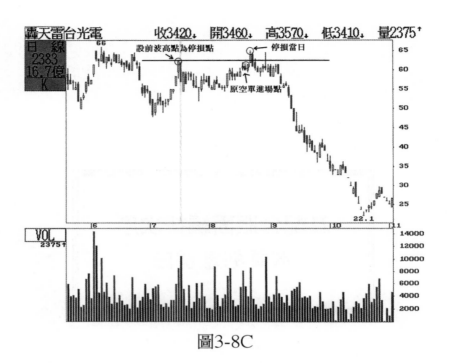

圖3-8C

空單出場理由：

1.在建立部位後的第三個交易日，股價衝高並穿越前波高點，同時也觸及所設的
　停損位置。

2.在股價有可能持續走高的情況下，空單至此已經沒有存在的理由。

交易評論：

1.只憑週線形態較弱，而忽視日線形態尚未轉弱的事實就建立空單，是導致本次
　交易虧損的主因。

2.如果對於走勢已經有先入為主的看法，就容易忽視相反的訊號，而傾向只尋找
　和原來看法相同的訊號。保持全然的客觀才能避免這種心理陷阱。

3.後續的走勢證明之前的看法無誤，但不同的進場點卻會帶來截然不同的結果。

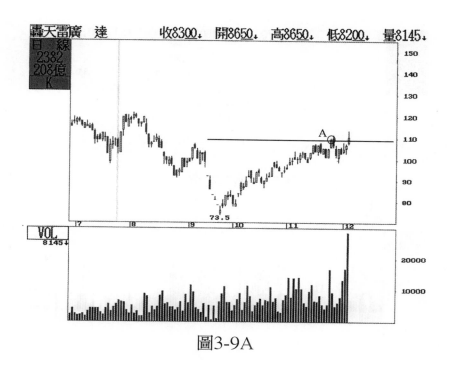

圖3-9A

進場做多理由：

1.本圖為除權後還原圖。

2.在出現73.5的低點後，股價隨成交量加溫而逐步走高。

3.尤其日前以更顯著的單日大量突破前波高點A，暗示後續仍有上漲的空間。

在進入下一頁前，試著自己也做判斷，是否認同前述的分析？

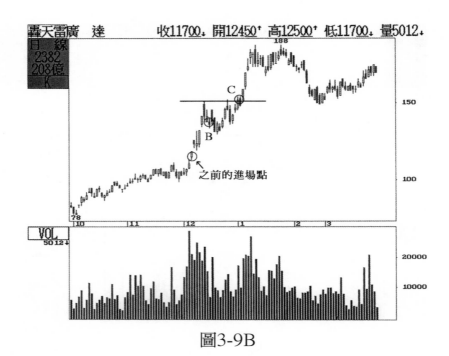

圖3-9B

多單出場理由：

1.多單進場後股價迅速走高，直至回檔至B處時，因為考慮及若發生進一步的拉回將浸蝕原有的獲利，因此停利出場。

交易評論：

1.事實上在B處出場時，K線形態並沒有出現關鍵的轉弱訊號，若只因為回檔將侵蝕原有獲利而賣出，理由顯然過於單薄。

2.股價隨後於C處再次突破上漲，也印證上述的看法。

3.若持有部位的信心不夠充足，或設太緊密的停損，都容易過早出場。

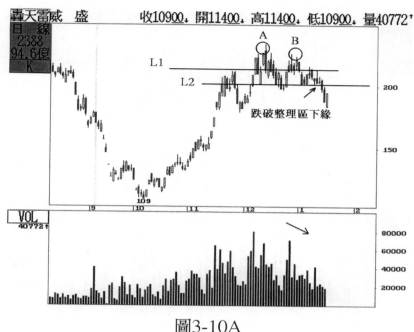

圖3-10A

進場做空理由：

1.本圖為除權後的還權圖。

2.自低點109元起漲已累積約100%的漲幅，而自12月初起股價開始
　進行橫向整理，成交量逐步減退中。

3.峰位B無法越過峰位A，同樣暗示著買方力量減小。

4.L2為盤整區的下緣，跌破後的反彈即為空單的進場時機。

在進入下一頁前，試著自己也做判斷，是否認同前述的分析？

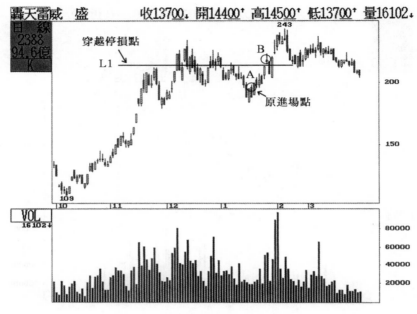

圖3-10B

空單出場理由：

1. 空單在A處進場後，股價走勢較原預期來得強，之後更在B處突破了停損點L1（同為圖3-10A中的L1）。

2. 突破轉強後，之前的假設已經被證明是錯的了，空單隨即出場。

交易評論：

1. 當許多現象都符合你對於走勢的看法，但只要走勢出現與預期不同的結果，穿越停損價後就只有認賠出場的選擇。

2. 不論交易資本的大小，資金只能承擔可以控制的風險。

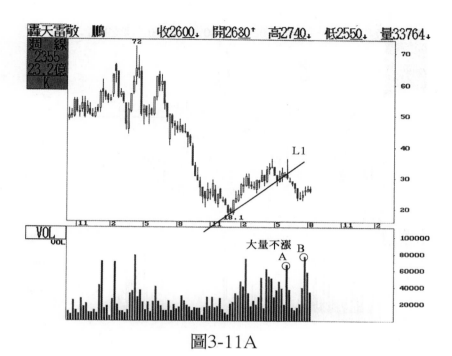

圖3-11A

週線進場做空理由：

1.再一次以週、日線同時觀察，做為模擬交易的判斷依據。

2.股價跌破原始上升趨勢線L1後，表示中期走勢轉弱。破線前的上
　漲走勢為期6個月，有效跌破的機率頗高。

3.週成交量A、B兩處皆出現大量不漲的現象，顯示賣壓日趨沈
　重。

4.代表中期走勢的週線已走弱，只要日線也出現轉弱訊號，即為空
　單的進場點。

在進入下一頁前，試著自己也做判斷，是否認同前述的分析？

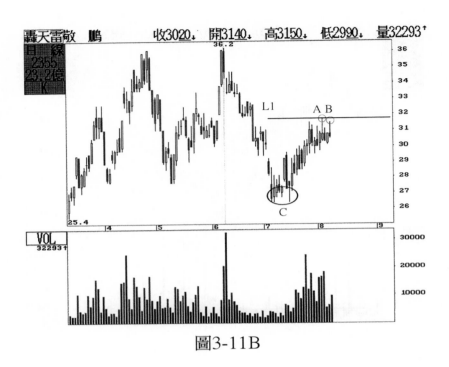

圖3-11B

日線進場做空理由：

1.圖3-11B～3-11E皆為除權後的還權圖。

2.低檔C形成後股價開始反彈，一旦日線出現止漲訊號，則本波反彈結束的可能性極大。

3.反彈過程中股價越往上壓力越大，A、B兩處皆留下了長上影線，推測本波高點已經出現。遂以A處的高點為停損，空單進場。

在進入下一頁前，試著自己也做判斷，是否認同前述的分析？

圖3-11C

為配合版面編排次序
本頁刻意留白

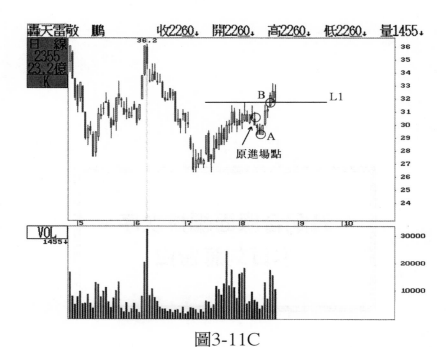

圖3-11C

空單出場理由：

1. 此同為除權後還權圖。

2. 進場後股價曾下跌至A處，雖有獲利，但並未出現任何回補訊號，在求波段獲利的精神下，空單沒有回補的理由。

3. 之後股價逆勢上漲並於B處一舉突破了停損點L1，反而這是至為明顯的出場訊號，空單停損出場。

交易評論：

1. 要客觀評估交易決策是否正確，應以形成決策的理由進行評估，而非以結果論，這點和第一章中安打與接殺的比喻相同。

2. 這次交易的敗筆應該在於在確切的頭部形態未形成前就過早進場。

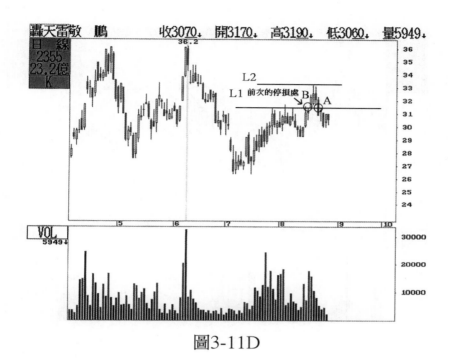

圖3-11D

空單進場理由：

1.前次的空單於B處停損後，股價持續在L1之上震盪。

2.但不久後股價於A處跌破L1，因此形成假突破的K線形態。突破
　後未能續強反而拉回至原突破點下，確認反轉的機率更高。

3.遂以反彈高點L2為停損，空單再次進場。

在進入下一頁前，試著自己也做判斷，是否認同前述的分析？

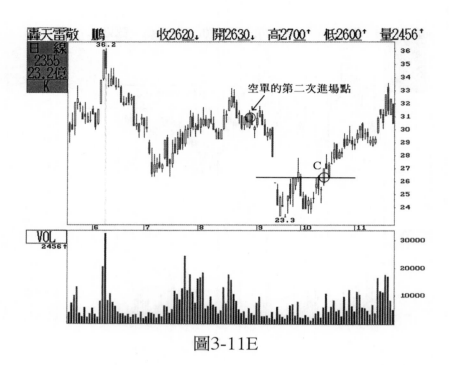

圖3-11E

空單出場理由：

1.股價這次便如預期般下跌，直至低點23.3元時都未見回補訊號。

2.直到在C處突破了整理形態上緣，出現止跌訊號後才是客觀的回補點。

交易評論：

1.在第一次停損後持續追蹤走勢，並在新的訊號出現後再次進場，是心理層面中的成功處。

2.要把每一次交易都視為獨立的交易，才能避免陷入成本價的心理陷阱。

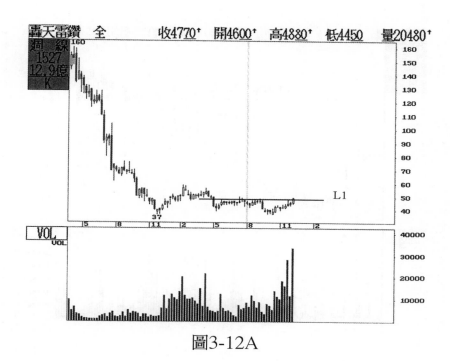

圖3-12A

進場做多理由：

1. 此為週線的除權還原圖，本例中請試著只從週線的走勢，做是否進場做多的判斷。

2. 股價自高點160元下跌至低點37元後，已持續整理達一年，在此之前並未出現任何買進訊號，而近三週來成交量持續放大，本週收盤並創下半年來的新高價。

3. 推測其底部已經成形，多單順勢進場。

在進入下一頁前，試著自己也做判斷，是否認同前述的分析？

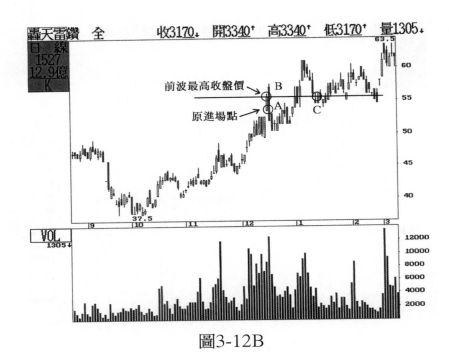

圖3-12B

多單出場理由:

1.在A處進場後,股價曾小幅拉回但隨即再創新高,之後在回檔的過程中
於C處跌破所設的支撐位置。

2.雖然週線形態完整,但在跌破支撐後仍應立即賣出,避免進一步的跌勢
發生。

交易評論:

1.總結下來的獲利僅佔波幅的一小部份。因為週線形態完整而放寬停損
價,以求波段的最大獲利,但也因此犧牲了較大的已實現獲利。

2.這類的情況在實際交易中並沒有辦法避免,停利的位置決定了獲利空
間。

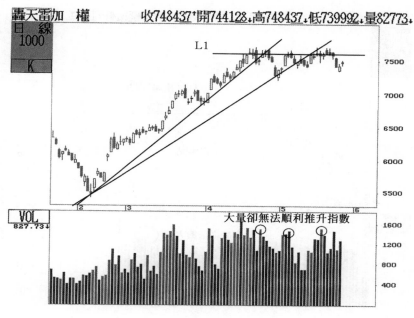

圖3-13A

進場做空理由

1. 指數自低檔起漲至7500點後，已持續震盪約六個星期，其間並出現數次大量卻無法有效推升指數的情況，顯見賣方力量頗強。

2. 在反覆震盪的過程中，又跌破連接兩次回檔低點而成的上升趨勢線，代表趨勢轉為中性偏弱。

3. 遂以L1為停損，空單進場。

在進入下一頁前，試著自己也做判斷，是否認同前述的分析？

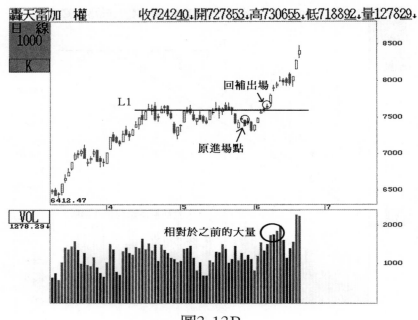

圖3-13B

空單出場理由

1.空單進場後指數曾小幅拉回，但隨後卻連續跳空上漲，並且伴隨著大成交量一舉越過停損點L1。

2.雖然之前的訊號頗為確認，但在盤面事實已經改變後，客觀地出場是唯一的選擇。

交易評論

1.結束虧損的交易後會有更大的交易空間，不論是反手建立另一邊的部位，或等待更明確的同向訊號再次出現，都是可行的交易策略。

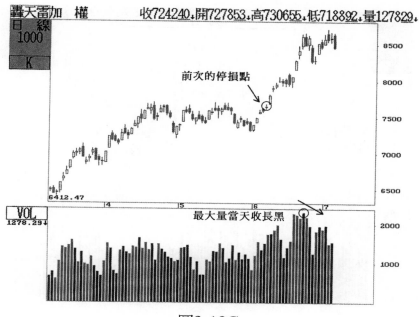

圖3-13C

進場做空理由

1.在前次停損後指數急漲，但在兩個星期前走勢再一次陷入震盪。

2.觀察過去兩個星期中的震盪過程，量價呈現背離，而且單日最大
　量當天的Ｋ線收長黑。推測在衝高不成後，拉回的壓力正逐漸增
　加中。

3.未來的反彈走勢出現時，將會是空單建立的時機。

在進入下一頁前，試著自己也做判斷，是否認同前述的分析？

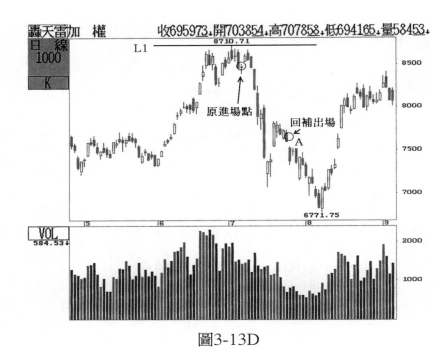

圖3-13D

空單出場理由

1.進場後指數曾經再次衝高,但並未突破所設的停損價L1,之後指
　數隨著利空急速拉回。

2.當時的走勢幾乎由消息面主導,急漲急跌十分隨機,因此在彈升
　至A處時回補出場。

交易評論

1.配合著消息面利空,才有可能在短期間內獲利如此迅速。嚴格論
　之,回補在A點並沒有一定的對或錯,因為當時的量價關係並不
　能反映真實的多空心態。

2.隨機走勢不適於交易的原因在此。

第四章

選擇權策略實務運用

藉由簡明的圖示，了解各種選擇權策略的適用時機

選擇權策略實務運用

　　自90年12月台股指數選擇權交易上路後，多了一項可供投資人交易的商品，不論各種單一方向的部位，組合式的部位，都提供了更多策略選擇，投資人可依其對於根本標的物的多空看法，建立各種最佳的部位組合，以求最大的獲利潛能。

　　坊間已有許多關於選擇權交易的專業書籍，從交易原理、權利金訂價公式、交易策略等都有詳盡的介紹，而本章將僅就目前台指選擇權的交易實務、策略運用兩個部份做實例說明。

　　所舉例的交易策略都是較為常見，也較被廣泛使用的交易方法，其他由多個部位組合而成的組合式交易，在扣除手續費成本後，事實上能提供的潛在獲利也極為有限。

　　權利金價值的評估在交易中扮演重要的角色，但不論以任何計價公式推算出來的合理價格，在實際進出場的一刻都還是要面對市場報價，因此合理權利金的價格計算還是留在學術圈裡較合適。而推算出來的權利金價格，只在檢視是否目前報價過份偏離時提供了參考依據。

　　當根本標的物出現大幅的波動走勢時，直接建立期貨部位比較能夠獲取大利，單一的買進買權（Buy call）或賣權（Buy put），因為不大可能重押所有資金在權利金之上，因此報酬對於整體獲利仍然有限。反倒是在盤整時期，擔任選擇權賣方的角色將

提供穩定的獲利。

本章中各種交易策略的圖解，特別以較為容易理解的橫向盈虧結構圖表示，有別於一般的損益結構圖，便於剛接觸選擇市場的投資人了解。

基本介紹

選擇權為買賣雙方所約定的契約，買方藉由支付權利金，而取得在到期日前以契約中所約定的價格、數量、商品，向賣方買進的權利。買方有權利而無義務，而賣方在收取權利金之後即承擔了履約的義務。

舉例目前台指現貨為6000點，而近月份6100點的買權需權利金100點，此時A、B兩人分別看多與看空，因此A（選擇權的買方）願意支付100點的權利金，以取得在到期時以6100點買進的權利。相反的，B（選擇權的賣方）因為看空走勢，因此願意在收取100點權利金後，承擔以6100點的價格賣出指數的義務。

若到期時為6400點，則A的獲利為6400－6100－權利金支出100＝200點，B因為有以6100點賣出的義務，因此損失為6400－6100＋權利金收入100＝200點。若到期時為5900點，則A自然不會行使以6100點買進的權利，因此A損失了100點的權利金，而這也代表著賣方B的獲利。

再舉一例，假設台指現貨為5500點，而近月份5400點的賣權需權利金100點，此時C、D兩人分別看空與看多指數，而C（選

擇權的買方）因為看空指數，因此願意支付100點的權利金，以取得在到期時以5400點賣出的權利。相反的，D（選擇權的賣方）因為看多走勢，因此也願意在收取100點權利金後，承擔以5400點的價格買進指數的義務。

若到期時為5100點，則C的獲利為5400－5100－權利金支出100＝200點，D因為承擔以5400點買進的義務，因此損失為5400－5100＋權利金收入100＝200點。而若到期時為5700點，則C便不會行使以5400點賣出的權利，因此C損失100點的權利金，而這也代表著賣方D的獲利。

而由此衍生出的各種策略，即是由上述A（買進買權）、B（賣出買權）、C（買進賣權）、D（賣出賣權）四種角色結合而成。

基本上選擇權的交易就是權利金的買賣，也就是藉由權利金的價格波動創造獲利，而影響權利金價格的因素主要包含：

1.選擇權的履約價格。

2.選擇權契約距到期日的時間長短。

3.根本標的物的價格波動率。

4.無風險利率。

而價格波動率又包含了歷史波動率及隱含波動率，後者即是由目前的權利金價格回推出未來的隱含波動率，可視為客觀的波動率。而筆者認為歷史波動率未必能夠反應目前根本標的物的市況，參考性較小。反而應該加入本身對於目前標的物走勢的多空看法，

以推測未來的可能走勢取代過去的歷史軌跡，這個部份全憑個人對走勢的評估，也沒有數據可供參考，因此可視為主觀的波動率。

有了個人的看法後，一個理論上看似被低估的權利金價格就可能反而是高估了。

但實際上當權利金的合理價格計算出來後，和市場上的報價未必接近，若急於完成一筆交易仍需以市場真實報價進行交易。但至少仍可依此判斷目前報價偏離合理價格的程度。

目前台指選擇權的契約規格如下：

1.契約標的：台灣證券交易所發行的加權股價指數。

2.契約型態：歐式選擇權。

3.契約乘數：每一點為壹幣50元（同小台指）。

4.到期月份：三個近月份加兩個季月。

5.最後交易日：到期月份的第三個星期三。

6.到期日：最後交易日的次一交易日。

7.到期結算價：到期日的開盤特別結算價。

買進買權（Buy call）

圖4-1

本報價畫面為91年4月4日盤後資料，四月份合約到期日為4月17日，現貨收盤價為6207點，距到期還有八個交易日。適用圖4-1～4-36，所有交易實例不計入手續費成本。

　　適用時機：推測根本標的物（股票或期貨）近期將大漲，而市場報價不利於直接建立標的物的多頭部位，可透過買進買權的策略先建立基本部位，藉由支付一筆權利金成本參與標的物上漲時的獲利。

　　實例：買進①處6300　call成交價51點（意即以51點的成本取得在到期時，以6300點買進的權利），到期損益平衡點為6300＋51＝6351，到期時指數需上漲至6351點以上始獲利，每多上漲1

點，獲利增加1點。

　　優點：最大的潛在風險僅為一開始所支付的權利金51點，以極小的成本可換取無窮的潛在獲利。

　　缺點：除了多空判斷需正確外，漲勢也必須在短時間內發動，才能避免權利金因為時間的遞減而產生過多的耗損。若走勢如預期般上漲，但到期前未能上漲至損益平衡點之上，則雖正確判斷走勢但仍以虧損收場。

　　評論：單一買權的部位應該在根本標的物上漲動能到達極限時，賣出權利結束部位，或在根本標的物跌破支撐後，執行選擇權的停損。而只有在判斷漲勢能夠持續時才留有部位至到期結算。

圖4-2
到期損益結構：

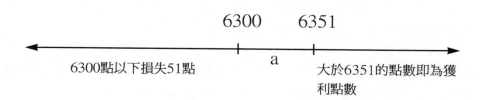

　　數字a介於6300～6351間，到期時損失為6351－a，若到期結算為6320點，則損失為6351－6320＝31點。

買進賣權（Buy put）

買權 Call					期權0204	賣權 Put		
買價	賣價	成交價	漲跌	總量	履約價	買價	賣價	成交價
0.00	0.00	0.00	0.00	0	5200	1.00	18.00	0.00
0.00	0.00	0.00	0.00	0	5300	0.00	0.00	0.00
610.00	0.00	0.00	0.00	0	5400	0.00	19.50	0.00
401.00	0.00	0.00	0.00	0	5500	1.00	9.90	0.00
450.00	0.00	0.00	0.00	0	5600	0.00	14.00	5.50
401.00	0.00	0.00	0.00	0	5700	3.00	14.00	12.00
358.00	374.00	365.00	▼86.00	8	5800	12.00	21.00	① 22.00
273.00	288.00	259.00	▼117.00	15	5900	27.00	36.00	28.00
197.00	214.00	213.00	▼66.00	24	6000	50.00	52.00	52.00
136.00	150.00	135.00	▼83.00	42	6100	81.00	95.00	80.00
85.00	95.00	94.00	▼66.00	114	6200	127.00	144.00	130.00
51.00	60.00	51.00	▼51.00	508	6300	195.00	209.00	210.00

圖4-3

　　適用時機：預期根本標的物在近期內將出現大跌走勢，而標的物（股票或期貨）市場價格已經遠離空單的安全進場區，或因交易資金有限，都可藉由買進賣權的策略建立基本的空頭部位，以一筆份權利金的支出，換取在下跌過程中獲利的權利。

　　實例：買進①處5800　put成交價為22點（意即以22點取得到期時，以5800點賣出的權利），到期的損益平衡點為5800－22＝5778，到期時指數需下跌至5778點以下始獲利，每多下跌1點，獲利增加1點。

　　優點：以極少的成本支出即可取得極大的潛在獲利機會，最大

風險為一開始所支付的權利金22點。

缺點：下跌走勢必須在短期內發生，才能對抗權利金因為時間遞減所產生的折耗。若走勢雖如預期般下跌，但卻發生在到期後，或到期前的跌勢無法進入損益平衡點之下，就會產生判斷根本走勢正確卻仍虧損的情況。

評論：選擇權的初學者一般會認為只要扮演買方付出一筆權利金，就可以安心等待獲利，而忽略權利金會隨著時間遞減而逐漸減少的事實。當根本標的物的走勢顯然已經與你的預期背倒而馳，在到期前難以進入價內時，就應該在選擇權市場直接賣出原來買進的權利，而非等到到期結算。

圖4-4
到期損益結構：

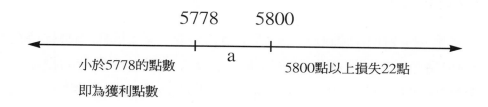

數字a介於5778～5800間，a－5778即為到期時損失的點數，若到期結算5790點，則損失為5790－5778＝12點。

賣出賣權（Sell put）

圖4-5

適用時機：預期根本標的物（股票或期貨）將溫和上漲，而且在合約到期前出現大跌機率不大的背景下，可以藉由賣出賣權獲取權利金的收入。

實例：賣出①處6000 put成交價為52點，若到期時指數維持在6000點之上，便可獲得完整的權利金收入52點。到期時的損益平衡點為6000－52＝5948，每低於5948點1點，虧損增加1點。

優點：在震盪稍為偏多的走勢中，可藉由時間的遞減賺取賣出賣權的權利金收益。

缺點：賣出賣權後，若因突發性利空導致根本標物的價格重

挫，又因流通性不足無法回補賣權或在其他市場進行避險，則將導致重大虧損。

　　評論：單一的賣出賣權暴露了極大的下檔風險，因此傾向在當根本標的物有強烈的支撐時才使用該策略。賣出賣權後，若標的物走勢持續向上，則可持有該賣權直至到期結算，反之若標的物跌破所設支撐點而可能引發進一步下跌，則必須直接買回所賣出的賣權以避免發生重大虧損。

圖4-6
到期損益結構：

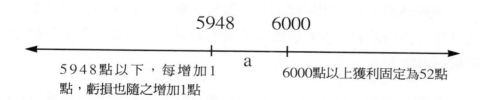

　　數字a介於5948～6000點間，a－5948即為到期時的獲利點數，若到期結算5980點，則獲利為5980－5948＝32點。

賣出買權（Sell call）

買價	賣價	成交價	漲跌	總量	履約價	買價	賣價	成交價
0.00	0.00	0.00	0.00	0	5200	1.00	18.00	0.00
0.00	0.00	0.00	0.00	0	5300	0.00	0.00	0.00
610.00	0.00	0.00	0.00	0	5400	0.00	19.50	0.00
401.00	0.00	0.00	0.00	0	5500	1.00	9.90	0.00
450.00	0.00	0.00	0.00	0	5600	0.00	14.00	5.50
401.00	0.00	0.00	0.00	0	5700	3.00	14.00	12.00
358.00	374.00	365.00	▼86.00	8	5800	12.00	21.00	22.00
273.00	288.00	259.00	▼117.00	15	5900	27.00	36.00	28.00
197.00	214.00	213.00	▼66.00	24	6000	50.00	52.00	52.00
136.00	150.00	135.00	▼83.00	42	6100	81.00	95.00	80.00
85.00	95.00	① 94.00	▼66.00	114	6200	127.00	144.00	130.00
51.00	60.00	51.00	▼51.00	508	6300	195.00	209.00	210.00

圖4-7

適用時機：預期根本標的物（股票或期貨）將出現盤跌走勢，並且在合約到期前出現大漲機率不大的背景下，可藉由賣出買權獲取權利金收入。

實例：賣出①處6200 call成交價94點，若到期時指數維持在6200點之下，便可獲得完整的權利金收入94點。到期時的損益平衡點為6200＋94＝6294，每高於6294點1點，虧損增加1點。

優點：在盤整而稍為偏空的走勢中，可藉由時間的遞減賺取賣出買權的權利金收益。

缺點：賣出買權後，若因突發性利多導致根本標的物大漲，而

又因流通性不足無法回補賣權或在其他市場進行避險，則將發生重大的虧損。

評論：單一的賣出買權承擔了極大的上檔風險，因此必須在確認根本標的物的走勢已經做頭完畢，或至少欠缺向上的動能後才使用該策略。賣出買權後若標的物價格持續下跌，則可保有該賣出賣權直至到期結算，反之若標的物轉強突破了反壓位置，則應直接回補所賣出的買權以避免發生重大虧損。

圖4-8
到期損益結構：

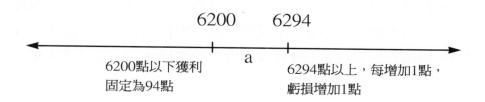

數字a介於6200～6294點間，6294－a即為到期時的獲利點數，若到期結算為6250點，則獲利為6294－6250＝44點。

多頭call差價交易（Bull call spread）

		買權 Call			期權0204			賣權 Put	
買價	賣價	成交價	漲跌	總量	履約價	買價	賣價	成交價	
0.00	0.00	0.00	0.00	0	5200	1.00	18.00	0.00	
0.00	0.00	0.00	0.00	0	5300	0.00	0.00	0.00	
610.00	0.00	0.00	0.00	0	5400	0.00	19.50	0.00	
401.00	0.00	0.00	0.00	0	5500	1.00	9.90	0.00	
450.00	0.00	0.00	0.00	0	5600	0.00	14.00	5.50	
401.00	0.00	0.00	0.00	0	5700	3.00	14.00	12.00	
358.00	374.00	365.00	▼86.00	8	5800	12.00	21.00	22.00	
273.00	288.00	259.00	▼117.00	15	5900	27.00	36.00	28.00	
197.00	214.00	213.00	▼66.00	24	6000	50.00	52.00	52.00	
136.00	150.00	135.00	▼83.00	42	6100	81.00	95.00	80.00	
85.00	95.00	① 94.00	▼66.00	114	6200	127.00	144.00	130.00	
51.00	60.00	② 51.00	▼51.00	508	6300	195.00	209.00	210.00	

圖4-9

適用時機：預期根本標的物（股票或期貨）將溫和上漲，因此買進單一的買權，但顧及買進買權所支付的權利金過高，因此再賣出另一個履約價更高的買權藉此收取部份的權利金，降低該買權的買進成本。

實例：買進①處6200 call成交價94點，及賣出②處6300 call成交價51點，則可降低初始的買進成本至43點（94－51）。到期時的損益平衡點為6200＋43＝6243，每高於6243點1點，獲利隨之增加1點。但因賣出6300 call，因此最大獲利空間也被侷限在57點（6300－6243）。

優點： 可藉由賣出另一履約價較高的call降低初始買進成本，若到期時的結算價仍低於損益平衡點，則權利金的損失較單一買權小。

缺點： 雖然賣出另一個履約價較高的call可以降低初始的買進成本，但也同時侷限住了上檔獲利空間。

評論： 若兩個一買一賣的履約價過於接近，那麼扣除手續費後的最大潛在獲利也十分有限（假設同時進場）。而若兩個履約價相距太遠，則賣出買權的權利金收入能提供的幫助有限，並無法降低太多的初始買進成本。該策略在看對行情時所能提供的報酬有限，因此僅適合在緩漲的走勢中使用。

圖4-10
到期損益結構：

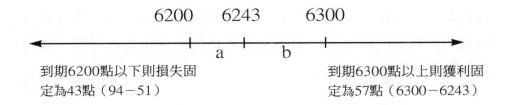

6200　　6243　　6300

到期6200點以下則損失固定為43點（94－51）

到期6300點以上則獲利固定為57點（6300－6243）

a介於6200～6243間，6243－a即為到期時的損失，若到期結算為6220點，則損失為6243－6220＝23點。

b介於6243～6300間，b－6243即為到期時的獲利，若到期結算為6280點，則獲利為6280－6243＝37點。

空頭put差價交易（Bear put spread）

圖4-11

　　適用時機：預期根本標的物（股票或期貨）將開始下跌，因此買進單一的賣權，但考慮及單純買進賣權將使得權利金的支付成本過高，因此另外再賣出一個履約價更低的賣權藉此收取部份權利金，降低該賣權的買進成本。

　　實例：買進①處6000 put成交價52點，及賣出②處5900 put成交價28點，則初始的買進成本降低為24點（52-28）。到期時的損益平衡點為6000－24＝5976，每低於5976點1點，獲利也隨之增加1點。但也因賣出5900 put，因此最大獲利空間被侷限在76點（5976－5900）。

優點：可藉由賣出另一履約價較低的put降低初始的買進成本，若到期時結算價仍高於損益平衡點，則權利金的損失較單一買權來得小。

缺點：藉由賣出另一履約價較低的put可以降低初始的買進成本，但另一方面卻也限制了潛在的下檔獲利空間。

評論：若兩個一買一賣的履約價過於接近，扣除手續費後的最大潛在獲利也將十分有限。而若兩個履約價相距太遠，則賣出賣權所提供的權利金收入亦有限，並無法實際降低太多的初始買進成本。因為賣出的賣權將侷限住獲利空間，因此不適用於預期走勢將大幅下跌之時，僅適合在看法稍為偏空時使用。

圖4-12

到期損益結構：

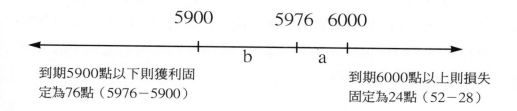

a介於5976～6000間，a－5976即為期到時的損失，若到期結算為5990點，則損失為5990－5976＝14點。

b介於5900～5976間，5976－b即為到期時的獲利，若到期結算為5920點，則獲利為5976－5920＝56點。

多頭put差價交易（Bull put spread）

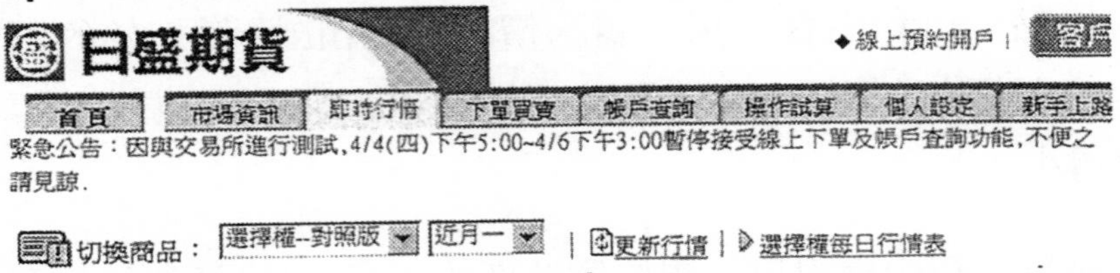

圖4-13

　　適用時機：看多根本標的物的走勢，但無法確定其何時會上漲及上漲空間，因此反向賣出賣權，藉由時間的耗損而獲取權利金的收益。但也因為顧及賣出單一賣權的風險，因此再買進另一個履約價更低的賣權，以保護下檔風險。

　　實例：賣出①處6100 put成交價80點，及買進②處6000 put成交價52點，則權利金收入為28點（80－52）。當到期結算價在6100點之上，將取得最大獲利28點，而損益平衡點則在6100－28＝6072點，最大潛在風險為6100－6000－28＝72點。

　　優點：在看多標的物走勢時，消極的賣出賣權以賺取穩定的獲

利，同時藉由買進履約價更低的賣權以保護下檔風險。

　　缺點：若出現大漲的走勢，該策略僅提供相對非常小的獲利。此外，若兩個一買一賣的履約價相距太遠，則買進的賣權所能提供的幫助便十分有限。

　　評論：這種較為消極的交易策略，只有在十分確定走勢會維持在所賣出賣權的履約價之上時（本例為6100），才有使用的價值。不平衡的損益結構是原因所在，依本例，最大潛在風險為72點，而最大潛在獲利僅有28點。

　　圖4-14
　　到期損益結構：

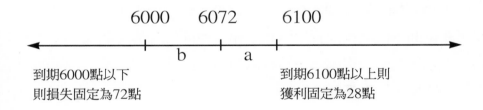

　　a介於6072～6100間，a－6072即為到期時的獲利，若到期結算為6090點，則獲利為6090－6072＝18點。

　　b介於6000～6072間，6072－b即為到期時的虧損，若到期結算為6030點，則實際虧損為6072－6030＝42點。

空頭call差價交易（Bear call spread）

圖4-15

　　適用時機：看空根本標的物的走勢，但無法確定其何時會下跌及下跌空間，因此反向賣出買權，藉由時間的耗損賺取權利金的收益。但也因為顧及賣出單一買權的風險，因此再買進另一個履約價更高的買權，以保護上檔風險。

　　實例：賣出①處6200 call成交價94點，及買進②處6300 call成交價51點，則權利金收入為43點（94－51）。當到期結算價在6200點之下，將取得最大獲利43點，而損益平衡點則在6200＋43＝6243點，最大潛在風險為6300－6200－43＝57點。

　　優點：在看空標的物走勢時，消極的賣出買權以賺取穩定的獲

利，同時藉由買進履約價更高的買權以保護上檔風險。

缺點：若出現大跌的走勢，該策略所能貢獻的獲利相對而言就非常小。此外，若兩個一買一賣的履約價相距太遠，則買進買權所能提供的上檔保護便十分有限。

評論：這種較為消極的交易策略，只有在十分確定走勢會維持在所賣出買權的履約價之下時（本例為6200），才有使用的價值。同樣的，損益結構不平衡是該策略的缺點。此外，若明顯將有大跌的走勢出現，應直接建立期貨空單而非只是消極的賣出call或使用本策略。

圖4-16
到期損益結構：

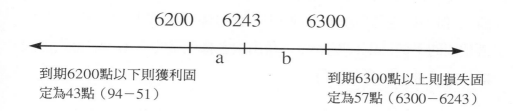

6200　　6243　　6300

a　　b

到期6200點以下則獲利固定為43點（94－51）

到期6300點以上則損失固定為57點（6300－6243）

a介於6200～6243點間，6243－a即為到期時的獲利，若到期結算為6210點，則獲利為6243－6210＝33點。

b介於6243～6300點間，b－6243即為到期時的虧損，若到期結算為6280點，則實際虧損為6280－6243＝37點。

買進跨式交易（long straddle）

日盛期貨　　　　　　　　　　◆線上預約開戶｜

| 首頁 | 市場資訊 | 即時行情 | 下單買賣 | 帳戶查詢 | 操作試算 | 個人設定 | 新手上路 |

緊急公告：因與交易所進行測試，4/4(四)下午5:00~4/6下午3:00暫停接受線上下單及帳戶查詢功能，不便之處請見諒．

切換商品：選擇權--對照版　近月一　｜　更新行情　｜　選擇權每日行情表

買權 Call					期權0204	賣權 Put		
買價	賣價	成交價	漲跌	總量	履約價	買價	賣價	成交價
0.00	0.00	0.00	0.00	0	**5200**	1.00	18.00	0.00
0.00	0.00	0.00	0.00	0	**5300**	0.00	0.00	0.00
610.00	0.00	0.00	0.00	0	**5400**	0.00	19.50	0.00
401.00	0.00	0.00	0.00	0	**5500**	1.00	9.90	0.00
450.00	0.00	0.00	0.00	0	**5600**	0.00	14.00	5.50
401.00	0.00	0.00	0.00	0	**5700**	3.00	14.00	12.00
358.00	374.00	365.00	▼86.00	8	**5800**	12.00	21.00	22.00
273.00	288.00	259.00	▼117.00	15	**5900**	27.00	36.00	28.00
197.00	214.00	213.00	▼66.00	24	**6000**	50.00	52.00	52.00
136.00	150.00	135.00	▼83.00	42	**6100**	81.00	95.00	80.00
85.00	95.00	① 94.00	▼66.00	114	**6200**	127.00	144.00	② 130.00
51.00	60.00	51.00	▼51.00	508	**6300**	195.00	209.00	210.00

圖4-17

　　適用時機：預期根本標的物將出現大幅的單邊走勢（例如選舉前），但不確定其多空的方向，因此買進相同數量且到期日、履約價相同的平價call與平價put，藉由兩邊權利金的支出，取得走勢大幅波動所帶來的潛在獲利。

　　實例：買進①處6200 call成交價94點，及買進②處6200 put成交價130點，合計共支付權利金224點（94＋130）。到期時的上檔損益平衡點為6200＋224＝6424點，下檔損益平衡點為6200－224＝5976點。最大的潛在獲利無限，最大損失即為權利金的支出224點。

優點：在十分確定將有單邊大行情出現的情況下，藉由支付一筆權利金而取得無限的潛在獲利空間。而在走勢開始朝一邊發動後，也可賣出原來另一邊的買權，而收回部份的權利金支出。

缺點：因為同時買進平價的call和put，因此一開始的權利金支出必然很高，標的物必須要出現夠大的單邊走勢才能獲利。

評論：既然預期將有單邊的大行情出現，則標的物的現貨走勢必然各存在著一個關鍵的壓力和支撐點位，而等到走勢確實突破壓力或跌破支撐後再建立順向的期貨部位，便可免去一開始權利金的支出，尤其是當預期的大幅走勢未出現時。

圖4-18

到期損益結構：

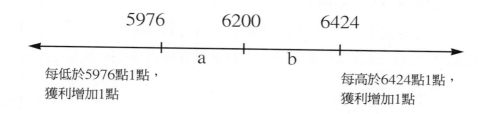

a介於5976～6200間，a－5976即為到期時的損失，若到期結算為6100點，則損失為6100－5976＝124點。

b介於6200～6424間，6424－b即為到期時的損失，若到期結算為6250點，則損失為6424－6250＝174點。

賣出跨式交易（short straddle）

日盛期貨　　　　　　　　　　　　◆線上預約開戶｜客戶

首頁　市場資訊　即時行情　下單買賣　帳戶查詢　操作試算　個人設定　新手上路
緊急公告：因與交易所進行測試，4/4(四)下午5:00~4/6下午3:00暫停接受線上下單及帳戶查詢功能，不便之請見諒.

切換商品：選擇權--對照版　近月一　｜　更新行情　▷選擇權每日行情表

買權 Call					期權0204	賣權 Put		
買價	賣價	成交價	漲跌	總量	履約價	買價	賣價	成交價
0.00	0.00	0.00	0.00	0	5200	1.00	18.00	0.00
0.00	0.00	0.00	0.00	0	5300	0.00	0.00	0.00
610.00	0.00	0.00	0.00	0	5400	0.00	19.50	0.00
401.00	0.00	0.00	0.00	0	5500	1.00	9.90	0.00
450.00	0.00	0.00	0.00	0	5600	0.00	14.00	5.50
401.00	0.00	0.00	0.00	0	5700	3.00	14.00	12.00
358.00	374.00	365.00	▼86.00	8	5800	12.00	21.00	22.00
273.00	288.00	259.00	▼117.00	15	5900	27.00	36.00	28.00
197.00	214.00	213.00	▼66.00	24	6000	50.00	52.00	52.00
136.00	150.00	135.00	▼83.00	42	6100	81.00	95.00	80.00
85.00	95.00	① 94.00	▼66.00	114	6200	127.00	144.00	② 130.00
51.00	60.00	51.00	▼51.00	508	6300	195.00	209.00	210.00

圖4-19

適用時機：預期根本標的物在到期日前將呈現狹幅波動，因此賣出相同數量且到期日、履約價相同的平價call與平價put，藉由時間價值的遞減賺取權利金收入，尤其適合在接近到期日前使用。

實例：賣出①處6200 call成交價94點，及賣出②處6200 put成交價130點，合計收取權利金224點（94＋130）。到期時的上檔損益平衡點為6200＋224＝6424點，下檔損益平衡點為6200－224＝5976點。最大潛在獲利即為權利金收入224點，而最大潛在損失無限。

優點：在明顯的盤整走勢中，單邊的多空部位都不容易獲利，

交易空間甚小。但使用本策略則可創造穩定的固定收益。

　　缺點：若因突發事件或根本標的物的慣性改變，而產生單邊的重大走勢，則會帶來巨幅的虧損。

　　評論：在狹幅的整理走勢中，扮演選擇權賣方的角色的確能夠帶來額外的獲利。至於單邊走勢出現後的風險，可以透過回補走勢一方的賣權而結束風險（例：走勢向下穿越則回補所賣出的put），或者以期貨部位鎖住風險（例：向下穿越則放空期貨以鎖住風險），甚至也可以再加碼賣出反方向的賣權以增加獲利的範圍區間。

圖4-20
到期損益結構：

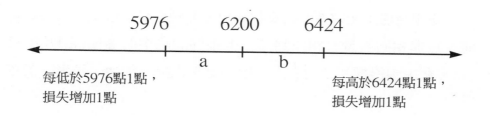

　　a介於5976～6200間，a－5976即為到期時的獲利，若到期結算為6000點，則獲利為6000－5976＝24點。

　　b介於6200～6424間，6424－b即為到期時的獲利，若到期結算為6350點，則獲利為6424－6350＝74點。

買進吊式交易（long strangle）

買權 Call					期權0204	賣權 Put		
買價	賣價	成交價	強跌	總量	履約價	買價	賣價	成交價
0.00	0.00	0.00	0.00	0	5200	1.00	18.00	0.00
0.00	0.00	0.00	0.00	0	5300	0.00	0.00	0.00
610.00	0.00	0.00	0.00	0	5400	0.00	19.50	0.00
401.00	0.00	0.00	0.00	0	5500	1.00	9.90	0.00
450.00	0.00	0.00	0.00	0	5600	0.00	14.00	5.50
401.00	0.00	0.00	0.00	0	5700	3.00	14.00	12.00
358.00	374.00	365.00	▼86.00	8	5800	12.00	21.00	22.00
273.00	288.00	259.00	▼117.00	15	5900	27.00	36.00	28.00
197.00	214.00	213.00	▼66.00	24	6000	50.00	52.00	52.00
136.00	150.00	135.00	▼83.00	42	6100	81.00	95.00	② 80.00
85.00	95.00	94.00	▼66.00	114	6200	127.00	144.00	130.00
51.00	60.00	① 51.00	▼51.00	508	6300	195.00	209.00	210.00

圖4-21

　　適用時機：和買進跨式交易類似。在預期將出現重大單邊走勢前，買進相同數量且相同到期日但不同履約價的溢價call及溢價put。藉由兩邊權利金的支出，取得走勢大幅波動後所帶來的潛在獲利。

　　實例：買進①處6300 call成交價51點，及買進②處6100 put成交價80點，合計共支付權利金131點（51＋80）。到期時的上檔損益平衡點為6300＋131＝6431點，下檔損益平衡點為6100－131＝5969點。最大潛在獲利無限，最大損失則為權利金支出131點。

　　優點：在預期將出現單邊的大行情，或交易資金不足的情況

下，藉由支付些微的權利金而取得無限的潛在獲利空間。並且可以在走勢剛發動之初，就握有有利的部位。

缺點：同時買進溢價的call和put，雖然一開始的權利金成本較低，但根本標的物走勢卻要出現更大的波動才能獲利。

評論：除非在到期前確實發生大的單邊走勢，否則使用這種策略往往導致權利金的虧損。較為可行的代替策略是等到走勢出現向上或向下的突破後，再直接建立期貨的部位，而原本所要支付的權利金則可用來當做停損的成本，如此一來即使走勢波動不夠大，一樣可以獲利，而沒有進入損益平衡點與否的獲利門檻。

圖4-22
到期損益結構：

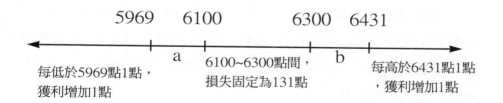

a介於5969～6100間，a－5969即為到期時的損失，若到期結算為6000點，則損失為6000－5969＝31點。

b介於6300～6431間，6431－b即為到期時的損失，若到期結算為6350點，則損失為6431－6350＝81點。

賣出吊式交易（short strangle）

日盛期貨

| 首頁 | 市場資訊 | 即時行情 | 下單買賣 | 帳戶查詢 | 操作試算 | 個人設定 | 新手上路 |

緊急公告：因與交易所進行測試，4/4(四)下午5:00~4/6下午3:00暫停接受線上下單及帳戶查詢功能，不便之處請見諒.

切換商品：選擇權－對照版 ▼ 近月一 ▼ ｜ 更新行情 ｜ 選擇權每日行情表

買權 Call					期權0204	賣權 Put		
買價	賣價	成交價	漲跌	總量	履約價	買價	賣價	成交價
0.00	0.00	0.00	0.00	0	5200	1.00	18.00	0.00
0.00	0.00	0.00	0.00	0	5300	0.00	0.00	0.00
610.00	0.00	0.00	0.00	0	5400	0.00	19.50	0.00
401.00	0.00	0.00	0.00	0	5500	1.00	9.90	0.00
450.00	0.00	0.00	0.00	0	5600	0.00	14.00	5.50
401.00	0.00	0.00	0.00	0	5700	3.00	14.00	12.00
358.00	374.00	365.00	▼86.00	8	5800	12.00	21.00	22.00
273.00	288.00	259.00	▼117.00	15	5900	27.00	36.00	28.00
197.00	214.00	213.00	▼66.00	24	6000	50.00	52.00	52.00
136.00	150.00	135.00	▼83.00	42	6100	81.00	95.00	② 80.00
85.00	95.00	94.00	▼66.00	114	6200	127.00	144.00	130.00
51.00	60.00	① 51.00	▼51.00	508	6300	195.00	209.00	210.00

圖4-23

　　適用時機：和賣出跨式交易類似。預期標的物將維持狹幅震盪走勢直至到期日時，賣出相同數量、相同到期日但不同履約價的溢價call及溢價put，藉由時間價值的遞減賺取權利金收入，尤其適合在接近到期日前使用。

　　實例：賣出①處6300 call成交價51點，及賣出②處6100 put成交價80點，合計收取權利金131點（51＋80）。到期時的上檔損益平衡點為6300＋131＝6431點，下檔損益平衡點為6100－131＝5969點。最大潛在獲利即為權利金收入131點，而最大潛在損失無限。

優點：除非標的物出現大幅的單邊走勢，否則在區間的盤整走勢中，持續的使用本交易策略能夠帶來穩定的權利金收益。

缺點：因為賣出溢價的call及溢價的put，因此初始的權利金收入比賣出跨式交易少，但相對的獲利區間也比賣出跨式交易來得大。

討論：若只是要藉由賣出選擇權賺取權利金收益，選擇賣出獲利區間較寬度的吊式交易會比賣出跨式交易來得好，風險也較小，雖然權利金的收入較少，但對於盤整走勢來說應該已經可以接受，因為真正的大獲利還是來自於大的行情走勢。

圖4-24
到期損益結構：

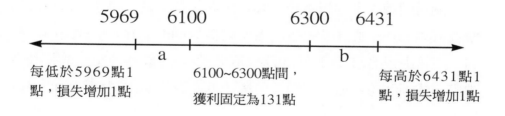

a介於5969～6100間，a－5969即為到期時的獲利，若到期結算為6030點，則獲利為6030－5969＝61點。

b介於6300～6431間，6431－b即為到期時的獲利，若到期結算為6360點，則獲利為6431－6360＝71點。

多頭比率差價交易（ratio spread with calls）

圖4-25

　　適用時機：預期根本標的物在到期前將微幅上漲時，買進履約價較低的call，並賣出較多口數履約價較高的call，兩者到期日相同，而藉由賣出較多口數call所收取的權利金彌補買進call的權利金支出。依兩個履約價的差距及口數比例而有可能出現權利金的淨收入。

　　實例：買進①處6200 call一口成交價94，並賣出②處6300 call兩口成交價51×2＝102，初始的權利金收入為102－94＝8點。最大潛在獲利為6300－6200＋8＝108點，最在潛在損失無限，損益平衡點為6300＋108＝6408點。

優點：當走勢如預期出現微幅上漲時，等於是支出極少的權利金便可獲利，而若走勢下跌時，又可避免過多權利金的支出，或直接做多標的物所帶來的停損。

缺點：一旦標的物大漲超過上檔損益平衡點，所多賣出的call將成為完全暴露的風險。但實際上可回補部份的call，免除風險或依走勢看法衍生出其他的組合部位。

評論：在盤整而偏多的走勢中，這種策略的實用性頗高，可提供穩定的獲利，而大漲的風險亦可透過直接回補所賣出的call，或再買進履約價更高的call規避掉。但這種策略只適用於波幅較小的走勢，提供的獲利雖穩定但不多。

圖4-26
到期損益結構：

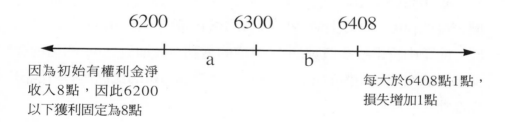

a介於6200～6300點間，a－6200＋8即為到期時的獲利，若到期結算為6280點，則獲利為6280－6200＋8＝88點。

b介於6300～6408點間，6408－b即為到期時的獲利，若到期結算為6350點，則獲利為6408－6350＝58點。

空頭比率差價交易（ratio spread with puts）

圖4-27

　　適用時機：預期根本標的物在到期前將微幅下跌時，買進履約價較高的put，並賣出較多口數履約價較低的put，兩者到期日相同，而藉由賣出較多口數put所收取的權利金彌補買進put的權利金支出。依兩個履約價的差距、實際成交價或口數的比例而有可能出現權利金的淨收入。

　　實例：買進①處6200 put一口成交價130，並賣出②處5900 put兩口成交價28×2＝56，初始的權利金支出為130－56＝74點。最大潛在獲利為6200－5900－74＝226點，最大潛在損失無限，獲利區間介於5674（5900－226）至6126（6200－74）點間。

　　優點：當走勢如預期出現微幅下跌時，以有限的權利金支出便

可獲利，而若走勢不跌反漲，又可避免支出過多權利金，或直接做空標的物所帶來的停損。

　　缺點：一旦標的物大跌超過下檔損益平衡點，所賣出的put將帶來完全暴露的風險。但同樣可回補部份的put，免除風險或依走勢看法組合出新的衍生部位。

　　評論：在盤整而偏空的走勢中，這種策略的實用性頗高，可提供穩定的獲利，而應該賣出履約價多低的put，則視對於走勢看空的程度而定，若已經極度看空走勢，就應該直接選擇做空標的物（股票或期貨），不需行使獲利有限的差價交易策略。

圖4-28
到期損益結構：
本例因有權利金淨支出，因此損益結構與圖4-26不同。

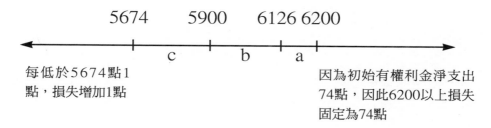

　　a介於6126～6200點間，代表權利金的初始成本，a－6126即為到期時的虧損，若到期結算為6150點，則虧損為6150－6126＝24點。

　　b介於5900～6126點間，6126－b即為到期時的獲利，若到期結算為5950點，則獲利為6126－5950＝176點。

　　c 介於5674～5900點間，c －5674即為到期時的獲利，若到期結算為5800點，則獲利為5800－5674＝126點。

做多標的物＋賣出溢價買權（covered call writing）

圖4-29

　　適用時機：預期標的物走勢將上漲，因此做多根本標的物（股票或期貨），同時為了避免標的物價格下跌帶來的風險，因此再賣出溢價的買權收取部份權利金以保護下檔風險。

　　實例：買進四月台指成交價6200點，並賣出①處四月台指履約價6300點的call，成交價51點，所收取的權利金將使期貨部位的損益平衡點降至6149點（6200－51），而期貨部位原來的損益平衡點是成本6200點，賣出的買權提供了51點的下檔保護，但另一方面卻也侷限這個結合部位的最大潛在獲利在151點（6300－6200＋51）。

為平衡部位大小，因此以1口期貨對4口選擇權的比例交易。

優點：若做多的期貨部位不漲反跌，權利金收益可以分擔部份的損失。依本例而言，假設6200點的多單停損在6100點，則原先100點的虧損就縮減為49點（100−51）。

此外，若到期結算為6250點，原先50點的期貨部位獲利可擴大至101點（50+51）。

缺點：若做多的期貨出現大漲走勢，所賣出的溢價買權也將侷限期貨部位的獲利。依本例，若期貨上漲至6400點，原先純期貨部位200點的獲利也會縮減為151點（6300−6200+51）。漲得越多，潛在獲利失去越多。

評論：這個策略也是股票選擇權中最常使用的策略，一方面保有持股，同時收取固定的權利金收益。

但實務上必須考慮是否真有賣出溢價買權的必要，若強烈看多走勢，則不需搬一顆石頭擋在自己前面。賣出履約價較低買權所收取的權利金雖多，但也極度壓縮潛在獲利空間。而賣出履約價較高買權雖然保有較大的潛在獲利空間，但些許的權利金收入並無法提供太多的下檔保護。

還有幾種情況必須考慮：

1.到期前，期貨部位因走勢下跌而停損出場，但走勢仍然可能再次轉強，此時所賣出的買權即暴露了一定程度的風險。

2.到期前，期貨部位順利上漲但出現了拉回訊號，此時賣掉期

貨部位可立即實現獲利，但所留下的賣出買權卻也因此暴露了走勢繼續往上的風險。雖然可以同時回補買權，但這種做法和賣出期貨部位的決策是相互衝突的。倘若同時執行也很可能會減少一部份期貨部位的獲利。

　　總而言之，期貨部位結束後所留下的單一賣出買權，必須依後續走勢變化再做調整。當走勢持續走強，直接回補，或再買進更高一個履約價的買權（實質意義不高），都是可行的策略，而直接回補通常都是最好的答案。

圖4-30
到期損益結構：

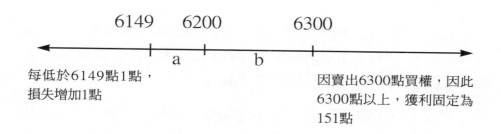

　　a 介於6149～6200點間，a－6149即為到期時的獲利，若到期結算為6180點，則獲利為6180－6149＝31點。
　　b 介於6200～6300點間，b－6200＋51即為到期時的獲利，若到期結算為6240點，則獲利為6240－6200＋51＝91點。

做空標的物＋賣出溢價賣權（covered put writing）

圖4-31

適用時機：預期標的物走勢將下跌，因此做空根本標的物（股票或期貨），同時為了避免發生反向的上漲走勢，因此再賣出溢價的賣權收取部份權利金以保護上檔風險。

實例：賣出四月台指成交價6200點，並賣出①處四月台指履約價5900點的put，成交價28點。所收取28點的權利金使得期貨部位的損益平衡點由原來的6200點上升至6228點（6200＋28），提供了28點的上檔保護。但另一方面也侷限這個結合部位的最大潛在獲利在328點（6200－5900＋28）。

為平衡部位大小，因此以1口期貨對4口選擇權的比例交易。

優點：若做空的期貨部位不跌反漲，權利金收益可以分擔部份

的損失。依本例而言，假設6200點的空單停損在6300點，則原先100點的虧損就縮小為72點（100－28）。

此外，若到期結算為6050點，原先150點的期貨部位獲利可擴大至178點（150＋28）。

缺點：若做空的期貨出現大跌走勢，所賣出的溢價賣權也將侷限期貨部位的獲利。依本例，若期貨下跌至5800點，原先純期貨部位400點的獲利也會縮減為328點（6200－5900＋28）。跌得越多，潛在獲利失去越多。

評論：期貨空單建立後，依看空走勢的程度，決定是否賣出溢價的賣權，以及溢價多深的賣權。若預期會有很大的跌幅，自然不需要再賣出賣權限制住潛在的獲利空間，而越看空走勢，就應該選擇賣出溢價越深的賣權，力求潛在獲利達到最大，但如此一來該賣權所能提供的上檔保護便十分有限。

相反的情況是賣出溢價有限的賣權，此時的潛在心理必然是對於走勢是否下跌有著不確定感，因此希望藉由收取較多的權利金以保護期貨空單的上檔風險。一旦出現這種想法，應該重新檢視對於標的物的多空看法，是否因為主觀的偏空而有勉強交易的傾向？

上述兩種情況是在決定賣出哪個履約價賣權所必須考慮的，每個決策都沒有一定的錯對，完全視本身對於走勢的評估而定。

而在組合的部位建立後，同樣必須視走勢的變化調整部位。三種的可能性況為：

1.標的物轉強後，期貨停損，因此留下的賣權應可持續持有至

到期日，但當標的物再次轉弱後，則可再一次建立期貨的空單部位。

2.走勢下跌，期貨部位獲利，而在預期將出現反彈時回補期貨空單，賣出的賣權回補與否皆可，決定留有則需留意賣出賣權的風險。

3.預期走勢將大跌，則回補賣出的賣權以求期貨空單獲利極大化。

實際流程中可運用的策略組合千變萬化，最終的策略仍視對於走勢的看法及個人的交易個性而定。

圖4-32
到期損益結構：

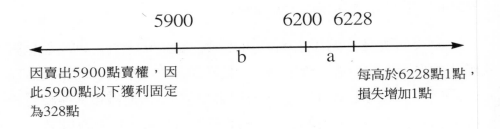

a 介於6200～6228點間，6228－a 即為到期時的獲利，若到期結算為6210點，則到期獲利為6228－6210＝18點。

b 介於5900～6200點間，6200－b＋28即為到期時的獲利，若到期結算為6000點，則到期獲利為6200－6000＋28＝228點。

做多標的物＋買進賣權（Buy put）

| | | 買權 Call | | | 期權0204 | | 賣權 Put | |
買價	賣價	成交價	漲跌	總量	履約價	買價	賣價	成交價
0.00	0.00	0.00	0.00	0	5200	1.00	18.00	0.00
0.00	0.00	0.00	0.00	0	5300	0.00	0.00	0.00
610.00	0.00	0.00	0.00	0	5400	0.00	19.50	0.00
401.00	0.00	0.00	0.00	0	5500	1.00	9.90	0.00
450.00	0.00	0.00	0.00	0	5600	0.00	14.00	5.50
401.00	0.00	0.00	0.00	0	5700	3.00	14.00	12.00
358.00	374.00	365.00	▼86.00	8	5800	12.00	21.00	22.00
273.00	288.00	259.00	▼117.00	15	5900	27.00	36.00	28.00
197.00	214.00	213.00	▼66.00	24	6000	50.00	52.00	52.00
136.00	150.00	135.00	▼83.00	42	6100	81.00	95.00	80.00
85.00	95.00	94.00	▼66.00	114	6200	127.00	144.00	① 130.00
51.00	60.00	51.00	▼51.00	508	6300	195.00	209.00	210.00

圖4-33

適用時機：預期標的物將出現上漲走勢，因此直接做多標的物（股票或期貨），另一方面為防範走勢不漲反跌帶來虧損，因此再買進賣權以供做下檔的保護。

實例：買進四月台指期貨成交價6200點，並買進①處四月台指履約價6200點的put，成交價130點。由於有權利金成本130點的支出，因此走勢必須上漲至6330（6200＋130）點以上，組合的部位才會開始獲利。另一方面，期貨多頭部位的風險已由買進的賣權所抵消，因此整個組合部位的最大風險為初始權利金支出130點，而最大獲利無限，損益平衡點為6200＋130＝6330點。同樣以1：4的比例交易。

　　優點：買進的賣權可以提供期貨多頭部位下檔保護，而結合部位後也不會像只持有單一期貨多頭部位，而可能出現反覆停損的情況，同時在扣除權利金支出後仍保有無限的上檔獲利潛能。

　　缺點：標的物必須出現夠大的漲幅才能打平初始權利金的支出，因此有可能出現做多的期貨部位獲利，但扣除權利金支出後整體部位仍然虧損的情況。

　　評論：實務運用上可以依對於走勢看多的程度，以及下檔風險的忍受程度，而選擇買進不同履約價的賣權。若預期有很大的上漲空間，自然可以選擇買進平價賣權，依本例即是6200點的賣權，較高的權利金支出可由期貨較大的上漲獲利彌補，同時可以提供完整的下檔保護。

　　而若買進履約價較低的賣權（依本例假設為6100點），較低的權利金支出雖然使得多頭期貨部位的損益平衡點下降，但下檔卻多出了100點的風險（期貨做多成本6200－履約價6100賣權）。同樣的，可依個人對走勢的評估，而結合成不同損益結構的組合部位。

　　而交易過程中較需要調整部位的時機為：

　　1.當標的物走勢已經明確向上，則可賣出之前買進的賣權，以取回到期前代表剩餘時間價值的部份權利金。如此一來也能使期貨多頭部位的損益平衡點下降，但整體部位也同時失去了下檔保護。

　　2.當標的物走勢跌破支撐反轉向下，則可先停損期貨的多頭部位，並留下原來的單一買進賣權，整個部位由多頭轉為空頭。

上述的部位調整方式都只是各種組合策略中的一小部份而已，所有決策都源自於對根本走勢的看法，先有了看法才能決定策略及後續的調整。

實際運用時除了考慮根本走勢的變化外，也必須注意在調整後所形成的新的損益結構圖。

圖4-34

到期損益結構：

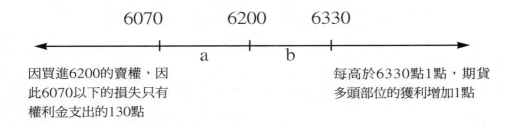

a 代表權利金的支出成本，買進6200點賣權的獲利會和期貨多頭部位的損失相抵消，因此損失仍固定為初始的權利金支出130點。

b 介於6200～6330點間，期貨多頭部位獲利，但獲利幅度仍小於初始的權利金支出130點，因此整體部位仍是虧損，虧損幅度為6330－b。

若到期結算為6250點，則虧損為6330－6250＝80點。

做空標的物＋買進買權（Buy call）

買權 Call					期權0204	賣權 Put		
買價	賣價	成交價	漲跌	總量	履約價	買價	賣價	成交價
0.00	0.00	0.00	0.00	0	**5200**	1.00	18.00	0.00
0.00	0.00	0.00	0.00	0	**5300**	0.00	0.00	0.00
610.00	0.00	0.00	0.00	0	**5400**	0.00	19.50	0.00
401.00	0.00	0.00	0.00	0	**5500**	1.00	9.90	0.00
450.00	0.00	0.00	0.00	0	**5600**	0.00	14.00	5.50
401.00	0.00	0.00	0.00	0	**5700**	3.00	14.00	12.00
358.00	374.00	365.00	▼86.00	8	**5800**	12.00	21.00	22.00
273.00	288.00	259.00	▼117.00	15	**5900**	27.00	36.00	28.00
197.00	214.00	213.00	▼66.00	24	**6000**	50.00	52.00	52.00
136.00	150.00	135.00	▼83.00	42	**6100**	81.00	95.00	80.00
85.00	95.00	①94.00	▼66.00	114	**6200**	127.00	144.00	130.00
51.00	60.00	51.00	▼51.00	508	**6300**	195.00	209.00	210.00

圖4-35

　　適用時機：預期標的物將出現下跌走勢，因此直接做空標的物（股票或期貨），另一方面為防範走勢不跌反漲帶來的風險，因此再買進買權以供做上檔的保護。

　　實例：買進四月台指期貨成交價6200點，並買進①處四月台指履約價6200點的call，成交價94點。由於有權利金成本94點的支出，因此走勢必須下跌至6106（6200－94）點以下，組合的部位才會開始獲利。另一方面，期貨空頭部位的風險已由買進的買權所抵消，因此整個組合部位的最大風險為初始權利金支出94點，而最大獲利無限，損益平衡點為6200－94＝6106點。同樣以1：4的比例交易。

優點：買進的買權可以提供期貨空頭部位的上檔保護，而結合部位後也不會像只持有單一期貨空頭部位，而可能出現反覆停損的情況，同時在扣除權利金支出後仍保有無限的下檔獲利潛能。

缺點：標的物必須出現夠大的跌幅才能打平初始權利金的支出，因此有可能出現期貨的空頭部位獲利，但扣除權利金支出後整體部位仍然虧損的情況。

評論：實務運用上可以依對於走勢看空的程度，以及上檔風險的忍受程度，而選擇買進不同履約價的買權。若預期將發生極大的跌幅，則應該選擇買進平價買權，依本例即是6200點的買權，較高的權利金成本可由期貨較大的下跌獲利彌補，同時可以提供完整的上檔保護。

而若買進履約價較高的買權（依本例假設為6300點），較低的權利金支出雖然使得空頭期貨部位的損益平衡點上升，但上檔卻多出了100點的風險（期貨做空成本6200－履約價6300買權）。同樣的，可依個人對多空走勢的看法，選擇出最佳的組合部位。

而交易過程中較需要調整部位的時機為：

1.當標的物走勢已經明確向下，則可賣出之前買進的買權，以取回到期前代表剩餘時間價值的部份權利金。經過這個程序後也能使期貨空頭部位的損益平衡點上升，但整體部位也同時失去了上檔保護。

2.當標的物走勢突破了壓力區反轉向上，則可先停損期貨的空頭部位，並留下原來的單一買進買權，整個部位由空頭轉為多頭。

　　選擇權策略、組合部位的方式千變萬化，但部位的組合一定是建立在對於走勢的多空看法。可擬定出各種可行的策略，再比較之間的損益結構，挑選出最佳的組合部位。

圖4-36
到期損益結構：

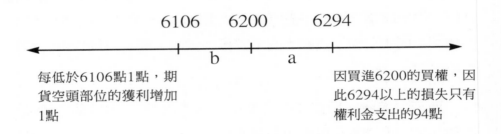

　　a 代表權利金的支出成本，買進6200點買權的獲利會和期貨空頭部位的損失相抵消，因此損失仍固定為初始的權利金支出94點。

　　b 介於6106～6200點間，期貨空頭部位獲利，但獲利幅度仍小於初始的權利金支出94點，因此整體部位仍是虧損，虧損幅度為b －6106。

　　若到期結算為6140點，則虧損為6140－6106＝34點。

多頭賣權＋空頭買權（Bull put ＋Bear call）

◆線上預約開戶 ｜ 客戶

| 首頁 | 市場資訊 | 即時行情 | 下單買賣 | 帳戶查詢 | 操作試算 | 個人設定 | 新手上路 |

切換商品：選擇權--對照版▼　近月二▼ ｜ ⊞更新行情 ｜ ▷選擇權每日行情表

| | | 買權 Call | | | 期權0205 | | 賣權 Put | |
買價	賣價	成交價	漲跌	總量	履約價	買價	賣價	成交價
0.00	0.00	0.00	0.00	0	**5400**	5.00	16.00	11.00
0.00	0.00	0.00	0.00	0	**5500**	9.00	23.00	14.00
0.00	0.00	0.00	0.00	0	**5600**	24.00	38.00	32.00
0.00	0.00	0.00	0.00	0	**5700**	45.00	61.00	56.00
284.00	311.00	300.00	▼58.00	3	**5800**	81.00	85.00	④ 89.00
222.00	247.00	242.00	▼53.00	2	**5900**	106.00	126.00	③ 127.00
165.00	182.00	182.00	▲2.00	164	**6000**	150.00	170.00	180.00
124.00	132.00	127.00	▼23.00	71	**6100**	203.00	228.00	225.00
89.00	99.00	① 99.00	▼21.00	97	**6200**	266.00	293.00	290.00
62.00	68.00	② 65.00	▼17.00	82	**6300**	340.00	366.00	341.00
40.00	54.00	53.00	▲2.00	96	**6400**	415.00	445.00	457.00

圖4-37

　　本報價畫面為91年4月10日盤後資料，現貨收盤價為6059點，五月份合約到期日為5月15日，適用圖4-37～4-38，所有交易實例不計入手續費成本。

　　適用時機：預期標的物在到期日前將呈現中性的盤整走勢，因此賣出溢價的買權（Sell call）及賣權（Sell put），而為了防範出現重大單邊走勢帶來無限的風險，因此再買進溢價更深的買權（Buy call）及賣權（Buy put）。組合後的部位風險有限，利潤也有限，所賣出買權及賣權的履約價相距越大，獲利機率也越大，但潛在獲利空間也越小。

　　實例：賣出①處6200 call取得權利金99點，再買進②處6300 call收取權利金65點，組合成空頭的買權。接著再賣出③處5900 put取得權利金127點，再買進④處5800 put收取權利金89點，組合

成多頭的賣權。

四邊結合後的權利金收入為：$99-65+127-89=72$點

部位的最大潛在獲利即為初始權利金收入72點，最大風險為履約價的差距減權利金收入，本例為$100-72=28$點。

優點：在偏中性的整體走勢中，藉由風險極為有限的部位組合可創造穩定的權利金收益。

缺點：兩個不同履約價call之間（put亦然），若履約價相距太近，則實際的權利金收益必然不高，而若履約價相距太遠，則所買進的call或put才能提供的上下檔保護也必然有限。潛在獲利大小和潛在風險大小在這個策略之中是相對的。

評論：這種部位組合事實上也是由賣出及買進吊式交易（strangle）結合而成，不同的履約價也形成不同的損益結構。

實際運用時在計入手續費成本後，能提供的獲利相當有限，因此除非十分確定走勢將維持盤整，否則該策略的實用性較低。

若要克服權利金的支出成本，應該在一開始就只賣出買權及賣權（short strangle）形成賣出吊式交易，只要根本標的物走勢在兩個履約價之間維持中性震盪，就可持續單獨持有此一部位。而一旦走勢向其中一方出現明顯的波動後，再考慮是否買進另一履約價更深的買權或賣權以鎖定潛在風險。

雖然權利金在經過單邊的波動後變高，但權利金也可能因為時間的遞減而變低，這個部份端視標的物走勢波動的程度及出現的時

間而定。

　　總而言之，小波幅所能帶來的潛在獲利原本就少，真正大的獲利還是要靠大波幅才能達成。

　　而依目前台指選擇權的交易現況，在考慮手續費成本、買賣差價後，連結多個選擇權的中性組合部位所能提供的獲利也確實有限。但隨著市場逐漸發展成熟後，交易的空間也會越來越大。

圖4-38
到期損益結構：

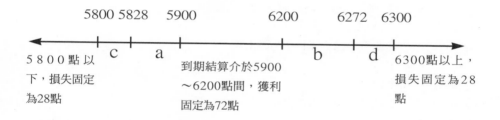

　　a 介於5828～5900點間，a －5828即為到期時的獲利，若到期結算為5850點，則獲利為6850－5828＝22點。

　　b 介於6200～6272點間，6272－b 即為到期時的獲利，若到期結算為6250點，則獲利為6272－6250＝22點。

　　c 介於5800～5828點間，5828－c 即為到期時的損失，若到期結算為5810點，則損失為5828－5810＝18點。

　　d 介於6272～6300點間，d －6272即為到期時的損失，若到期結算為6280點，則損失為6280－6272＝8點。

國家圖書館出版品預行編目資料

多空之鑰 / 邱逸愷著. —— 初版. —— 臺北縣板
　橋市 ： 雅書堂文化, 民91
　　面 ； 公分 . ——（實戰系列 ； 2）
　ISBN 986-7948-21-1（平裝）
　1. 證卷　2. 投資　3. 選擇權
　563.5　　　　　　　　　　　91007359

實戰系列2

多空之鑰

作　　　者：邱逸愷　　ronny886@ms37.hinet.net
出 版 發 行：雅書堂文化事業有限公司
　　　　　　北縣板橋市板新路206號3樓
　　　　　　(02)8952-4078
封 面 設 計：張楊坤
版 面 設 計：莫欣穎　0919304016
法 律 顧 問：法來商務法律事務所
　　　　　　所長 賴建男
經 銷 商：朝日文化事業有限公司
　　　　　　北縣中和市橋安街15巷1號7樓
　　　　　　(02)2249-7714
戶　　　名：朝日文化事業有限公司
帳　　　號：19088440
I S B N：986-7948-21-1
初 版 一 刷：91年5月
初 版 二 刷：91年6月
定　　　價：480元